U0457263

国家电网有限公司
STATE GRID
CORPORATION OF CHINA

（2023版）

国家电网有限公司
供应商资质能力信息核实规范

第七册
营销、二次设备、信息化设备、通信设备（二）

国家电网有限公司　组编

中国电力出版社
CHINA ELECTRIC POWER PRESS

内 容 提 要

本书是《国家电网有限公司供应商资质能力信息核实规范（2023版）》中的《营销、二次设备、信息化设备、通信设备（二）》分册，包括变电站（含智能变电站）继电保护信息系统子站，变电站（含智能变电站）故障录波装置，变电站（含智能变电站）故障测距装置，换流站直流控制保护系统，变电站（含智能变电站）相量测量装置，电能量计量采集系统（厂站端），时间同步装置，纵向加密认证装置、专用防火墙、二次系统安全防护设备，智能巡检控制系统，变电站智能巡检机器人，大屏幕，电话及电视会议系统，电源系统，在线监测装置（含线路在线监测装置、变电在线监测装置及换流站设备在线监测、电能质量在线监测装置、智能变电站辅助系统综合监控平台），图像监视系统15项供应商资质能力信息核实规范。

本书可供电力企业物资管理、数据管理等相关专业的工作人员及电力企业物资供应商参考学习。

图书在版编目（CIP）数据

国家电网有限公司供应商资质能力信息核实规范. 第七册，2023版. 营销、二次设备、信息化设备、通信设备. 二 / 国家电网有限公司组编. —北京：中国电力出版社，2023.12
ISBN 978-7-5198-8335-5

Ⅰ. ①国… Ⅱ. ①国… Ⅲ. ①电力工业–工业企业管理–供销管理–管理规程–中国 Ⅳ. ①F426.61-65

中国国家版本馆 CIP 数据核字（2023）第 225449 号

出版发行：中国电力出版社
地　　址：北京市东城区北京站西街 19 号（邮政编码 100005）
网　　址：http://www.cepp.sgcc.com.cn
责任编辑：穆智勇
责任校对：黄　蓓　郝军燕
装帧设计：张俊霞
责任印制：石　雷

印　　刷：三河市万龙印装有限公司
版　　次：2023 年 12 月第一版
印　　次：2023 年 12 月北京第一次印刷
开　　本：787 毫米×1092 毫米　16 开本
印　　张：11.5
字　　数：257 千字
印　　数：0001—2500 册
定　　价：58.00 元

编　委　会

《国家电网有限公司供应商资质能力信息核实规范（2023 版）第七册 营销、二次设备、信息化设备、通信设备（二）》

编 写 人 员

熊汉武　孙　萌　储海东　陈金猛　曾思成　张婧卿

孔宪国　郝嘉诚　王　冬　倪长爽　汪　贝　李　萍

王　兵　刘　松　姜璐璐　李思行　许志斌　田　宇

骆星智　杨　涛　宋永春　宫杨非　王艳艳　张文俊

张旭东　吴春生　何梦媛　刘宇峰　郭　宇　成义新

曹　楷　刘　铁　梁　辰　朱　晨　蒋　闯　薛　芳

章义贤　陈　雯　刘　煜　谢先明　夏宁泽　李　珂

艾格帆

前　言

　　国家电网有限公司采购电网设备材料主要采用公开招标的方式。在电网设备材料的招标文件中，对投标人的资质业绩、生产能力做了明确要求。供应商投标时，在投标文件中需要提供与资质业绩、生产能力相关的大量支持文件，专家在评标时也只能根据投标文件对供应商进行评价。为减少供应商制作投标文件时的重复性劳动，国家电网有限公司开展了供应商资质能力信息核实工作。

　　为确保供应商资质能力信息核实工作的严谨规范，国家电网有限公司组织编制了涵盖主要输变电设备材料、仪器仪表、辅助设备设施等物资类及服务类供应商资质能力信息核实规范，对供应商资质情况、设计研发、生产制造、试验检测、原材料/组部件管理等方面的核实内容、核实方法及有关要求做了明确的规定。本套核实规范不仅是国家电网有限公司开展供应商资质能力信息核实的依据，同时供应商也可以对照核实规范自查与改进。

　　国家电网有限公司将供应商资质能力信息核实作为一项常态化工作，定期组织开展，供应商自愿参加。供应商将相关资质业绩信息填入电子商务平台中的结构化模板，国家电网有限公司组织相关专家根据供应商提交的支持性材料，通过现场核对的方式对电子商务平台中的信息进行核实。供应商投标时可直接应用已核实的资质能力信息，不再出具对应事项的原始证明材料，实现"基本信息材料一次收集、后续重复使用并及时更新"。这不仅大大降低了投标成本，也避免了供应商在制作投标文件时因人为失误遗漏部分材料而导致的废标，进一步优化了营商环境。

　　资质能力信息核实并非参与投标的前置必备条件，未参加核实的供应商仍可正常参与招投标活动。国家电网有限公司没有设置"合格供应商名录"。2020年开始，取消"一纸证明"发放，强化信息在线公示及应用，供应商随时登录电子商务平台查看，对核实过的资质能力信息，供应商投标时可直接在线应用，但其不是资格合格标志，仅作为评标时评审参考。

　　国家电网有限公司已出版《供应商资质能力信息核实规范（2022版）》第一册至第五册，涵盖输电变电配电网络主要设备、材料、营销类物资，本次将2022版中未出版的核实规范按产品类别及适用范围，整理分编为35kV及以上输变电设备（二），营销、二次设备、信息化设备、通信设备（二），仪器仪表，辅助设备设施及办公用品，工程服务及水电物资五个分册，形成《供应商资质能力信息核实规范（2023版）》。系列丛书共二版十册，涵盖 126 项核实规范。

核实规范在编制中，得到了国家电网有限公司各单位、相关专家及部分供应商的大力支持与配合，在此表示衷心的感谢！

核实规范涉及内容复杂，不足之处在所难免，希望国家电网有限公司系统内外各单位及相关供应商在应用过程中多提宝贵意见。

编　者

2023 年 12 月

总 目 录

前言

变电站（含智能变电站）继电保护信息系统子站供应商资质能力信息核实规范…………1

变电站（含智能变电站）故障录波装置供应商资质能力信息核实规范………………13

变电站（含智能变电站）故障测距装置供应商资质能力信息核实规范………………25

换流站直流控制保护系统供应商资质能力信息核实规范…………………………36

变电站（含智能变电站）相量测量装置供应商资质能力信息核实规范………………47

电能量计量采集系统（厂站端）供应商资质能力信息核实规范……………………55

时间同步装置供应商资质能力信息核实规范…………………………………62

纵向加密认证装置、专用防火墙、二次系统安全防护设备供应商资质能力

　信息核实规范…………………………………………………………73

智能巡检控制系统供应商资质能力信息核实规范…………………………………80

变电站智能巡检机器人供应商资质能力信息核实规范……………………………87

大屏幕供应商资质能力信息核实规范……………………………………………98

电话及电视会议系统供应商资质能力信息核实规范………………………………111

电源系统供应商资质能力信息核实规范…………………………………………120

在线监测装置（含线路在线监测装置、变电在线监测装置及换流站设备在线监测、

　电能质量在线监测装置、智能变电站辅助系统综合监控平台）供应商资质能力

　信息核实规范…………………………………………………………146

图像监视系统供应商资质能力信息核实规范………………………………………163

变电站（含智能变电站）继电保护信息系统子站供应商资质能力信息核实规范

目　　次

1　范围 ·· 4

2　规范性引用文件 ·· 4

3　资质信息 ·· 5

  3.1　企业信息 ·· 5

  3.2　※报告证书 ·· 5

  3.3　产品业绩 ·· 6

4　设计研发能力 ·· 6

  4.1　技术来源与支持 ·· 6

  4.2　设计研发内容 ··· 6

  4.3　设计研发人员 ··· 6

  4.4　设计研发工具 ··· 6

  4.5　获得专利情况 ··· 6

  4.6　参与标准制（修）订情况 ···························· 6

  4.7　产品获奖情况 ··· 6

  4.8　软件管理能力 ··· 6

  4.9　参与的重大项目 ·· 6

  4.10　商业信誉 ·· 6

5　生产制造能力 ·· 6

  5.1　※生产厂房 ·· 6

  5.2　※生产工艺 ·· 7

  5.3　※生产设备 ·· 7

  5.4　生产、技术、质量管理人员 ························ 7

6　试验检测能力 ·· 7

  6.1　※试验场所 ·· 7

  6.2　※试验检测管理 ·· 7

  6.3　※试验检测设备 ·· 8

  6.4　※试验检测人员 ·· 8

  6.5　※现场抽样 ·· 8

7　原材料/组部件管理 ·· 8

  7.1　※管理规章制度 ·· 8

  7.2　※管理控制情况 ·· 8

8 数智制造 ·· 9

9 绿色发展 ·· 9

10 售后服务及产能 ·· 10

  10.1 售后服务 ··· 10

  10.2 产能 ··· 10

附录 A 试验项目及依据 ·· 11

  A.1 型式试验 ··· 11

  A.2 一致性测试 ··· 11

  A.3 现场抽样检测 ··· 12

变电站（含智能变电站）继电保护信息系统子站
供应商资质能力信息核实规范

1 范围

本文件规定了国家电网有限公司对变电站（含智能变电站）继电保护信息系统子站产品供应商的资质条件及制造能力信息进行核实的依据。

本文件适用于国家电网有限公司变电站（含智能变电站）继电保护信息系统子站产品供应商的信息核实工作。

2 规范性引用文件

下列文件中的内容通过文中的规范性引用而构成本文件必不可少的条款。其中，注日期的引用文件，仅该日期对应的版本适用于本文件；不注日期的引用文件，其最新版本（包括所有的修改单）适用于本文件。

GB/T 7261　继电保护和安全自动装置基本试验方法

GB/T 14285　继电保护和安全自动装置技术规程

GB/T 14598.2　量度继电器和保护装置　第 1 部分：通用要求

GB/T 14598.26　量度继电器和保护装置　第 26 部分：电磁兼容要求

GB/T 14598.27　量度继电器和保护装置　第 27 部分：产品安全要求

GB/T 17626.9　电磁兼容　试验和测量技术　脉冲磁场抗扰度试验

GB/T 17626.10　电磁兼容　试验和测量技术　阻尼振荡磁场抗扰度试验

GB/T 19520.12　电子设备机械结构 482.6mm（19in）系列机械结构尺寸　第 3-101 部分：插箱及其插件

GB/T 25931　网络测量和控制系统的精确时钟同步协议

DL/T 478—2013　继电保护和安全自动装置通用技术条件

DL/T 667　远动设备及系统　第 5 部分：传输规约　第 103 篇　继电保护设备信息接口配套标准

DL/T 713　500kV 变电站和控制设备的抗扰度要求

DL/T 720　电力系统继电保护柜、屏通用技术条件

DL/T 860　电力自动化通信网络和系统

DL/T 5147　电力系统安全自动装置设计技术规定

NB/T 42088—2016　继电保护信息系统子站技术规范

Q/GDW 441　智能变电站继电保护技术规范

Q/GDW 1396　IEC61850工程继电保护应用模型

Q/GDW 11356　电网安全自动装置标准化设计规范

3　资质信息

3.1　企业信息

3.1.1　※基本信息

查阅营业执照。

供应商为中华人民共和国境内依法注册的法人或其他组织。

3.1.2　法定代表人/负责人信息

查阅法定代表人/负责人身份证（或护照）。

3.1.3　财务信息

查阅审计报告、财务报表，其中审计报告为具有资质的第三方机构出具。

3.1.4　资信等级证明

查阅银行或专业评估机构出具的证明。

3.1.5　注册资本和股本结构

查阅验资报告。

3.2　※报告证书

3.2.1　检测报告

查阅检测报告、送样样品生产过程记录及其他支撑资料。

a)　检测报告出具机构为国家授权的专业检测机构。检测机构具有计量认证证书（CMA）及中国合格评定国家认可委员会颁发的实验室认可证书（CNAS），且证书附表检测范围涵盖所核实产品。

b)　型式试验报告、一致性测试报告在有效期内。

c)　多种行业标准并存时，优先执行电力行业标准和国家电网有限公司企业标准。

d)　检测报告的委托方和产品制造方是供应商自身。

e)　产品的型式（或检验）试验报告、一致性测试报告符合相应的国家标准、电力行业标准、国家电网有限公司企业标准和物资采购标准规定的试验项目和试验数值的要求，试验报告项目包含附录A规定的内容。

f)　当产品设计、关键材料、元器件、装置软件或制造工艺改变或者产品转厂生产或异地生产时，重新进行相应的型式（检验）试验。

g)　国家标准、电力行业标准规定的检测报告有效期有差异的，以有效期短的为准；国家标准、电力行业标准均未明确检测报告有效期的，检测报告有效期按长期有效认定。

3.2.2　质量管理体系

具有健全的质量管理体系，且运行情况良好，查阅管理体系认证书或其他证明材料。

3.3 产品业绩

查阅供货合同及相应的合同销售发票。

a) 合同的供货方和实际产品的生产方均为供应商自身。

b) 不予统计的业绩有（不限于此）：

1) 与同类产品制造厂之间的业绩。

2) 作为元器件、组部件的业绩。

3) 出口业绩。

4) 用户工程的业绩。

5) 产品用于试验室或试验站的业绩。

注：设备接入电压等级低于110（66）kV的工程或无法明确运行维护管理规定的工程视为用户工程。

4 设计研发能力

4.1 技术来源与支持

有技术合作支持方的查阅技术协作协议，以及设计文件图纸等相关信息。

4.2 设计研发内容

查阅产品、材料的设计、试验、关键工艺技术、质量控制方面的研发情况。

4.3 设计研发人员

查阅设计研发部门的机构设置及人员信息。

4.4 设计研发工具

查验供应商实际研发设计工具。

4.5 获得专利情况

查阅与产品相关已获授权专利证书。

4.6 参与标准制（修）订情况

查阅参与制定并已颁布的标准等证明材料信息。

4.7 产品获奖情况

查阅与产品相关的省部级及以上获奖证书等相关信息。

4.8 软件管理能力

查阅供应商提供的规章制度文件、过程记录及相关证书核实。

4.9 参与的重大项目

查阅有关证明供应商参与重大项目的资料信息。

4.10 商业信誉

查阅企业相关国家、行业或第三方发布的综合实力、品牌等排名。

5 生产制造能力

5.1 ※生产厂房

查阅不动产权证书、土地使用权证、房屋产权证、厂房设计图纸、房屋租赁合同、用电客户编号等相关信息。

具有与产品相配套的厂房，厂房为自有或长期租赁，厂房面积、洁净程度符合生产产品的要求。

5.2 ※生产工艺

查阅工艺控制文件、管理文件及工艺流程控制记录等相关信息。

5.2.1 工艺控制文件

各工序的作业指导书、工艺控制文件齐全、统一、规范。其工艺文件中所规定的关键技术要求和技术参数不低于国家标准、电力行业标准、国家电网有限公司企业标准和物资采购标准。各工艺环节中无国家明令禁止的行为。

完整的工艺文件包括产品质量重要度分级、外购外协件清单及检测标准、生产工序流程、过程控制工艺卡、产品质量检验标准、生产操作手册、安装使用说明书等。

5.2.2 关键生产工艺控制

产品工艺技术成熟、稳定。从原材料/组部件到产品入库所规定的每道工序的工艺技术能保证产品生产的需要。生产产品的各个工序按工艺文件执行，现场记录内容规范、详实，并具有可追溯性。现场定置管理，有明显的标识，主要生产设备的操作规程图表上墙。

5.3 ※生产设备

查阅设备的现场实际情况及购买发票等相关信息。

a） 具有与产品生产相适应的设备，不能租用或借用。

b） 生产设备使用正常，计量仪器、仪表具有相应资质单位出具的有效检定证书（报告），并在检定合格期内。建立设备管理档案（包括使用说明、台账、保养维护记录等），其维修保养等记录规范、详实，具有可追溯性。

5.4 生产、技术、质量管理人员

查阅人力资源部门管理文件（如劳动合同、人员花名册、社保证明等），包括生产、技术、质量管理等人员数量。结合现场实际情况，观察现场人员的操作水平。

a） 具有生产需要的专职生产人员及技术人员。一线生产人员经培训上岗，操作熟练。

b） 具有质量管理组织机构、质量管理部门及人员。

6 试验检测能力

6.1 ※试验场所

查看试验场所现场情况。

具有与试验产品相配套的试验场所，具有主要的除尘及防静电措施，试验场所环境符合试验要求。

6.2 ※试验检测管理

查阅相关的规章制度文件、过程记录及出厂试验报告等相关信息。

具有试验室管理制度、操作规程、试验标准，并在操作过程中严格按照规程执行。

6.3 ※试验检测设备

查阅设备的现场实际情况及购买发票等相关信息。

a) 设备齐全，符合进行国家标准、电力行业标准、国家电网有限公司企业标准和物资采购标准所规定的逐个试验和抽样试验检测要求，不能委托其他单位进行。主要试验设备包括：绝缘耐压测试设备、单插件自动检测设备、整机检测装置、微机保护测试仪、数字化微机保护测试仪、网络分析仪、时钟系统等。

b) 试验设备使用正常，计量仪器、仪表具有省级及以上资质单位出具的有效检定证书（报告），并在检定合格期内。建立设备管理档案（包括使用说明、台账、保养维护记录等），其维修保养等记录规范、详实，具有可追溯性。

6.4 ※试验检测人员

查阅人力资源部门管理文件（如劳动合同、人员花名册等、人员资质证书）和培训记录。

试验人员能独立完成试验，操作熟练，能理解或掌握相关国家标准、电力行业标准、国家电网有限公司企业标准和物资采购标准的有关规定，并具有一定的试验结果分析能力。试验人员经培训上岗。

6.5 ※现场抽样

6.5.1 抽查出厂试验报告

现场抽查至少 2 份出厂试验报告，报告应规范完整、项目齐全。

6.5.2 抽样检测

原则上现场应对与被核实产品相同或相近型式的产品进行抽样检验。样品应在供应商声明的合格产品中抽取，抽样检验项目一般在出厂试验项目中选取。抽样检验重点核实供应商试验方法、试验场地环境、人员操作能力、仪器设备有效性和产品性能等方面。

现场抽取申请核实且具有出厂合格证的产品 2 台，抽检 2 项出厂例行试验项目（见附录 A），检测结果符合对应产品出厂试验。

7 原材料/组部件管理

7.1 ※管理规章制度

查阅原材料/组部件管理规章制度。

a) 具有进厂检验制度和原材料/组部件管理制度。

b) 具有主要原材料/组部件供应商筛选制度，外购原材料/组部件生产厂家通过质量管理体系认证。

7.2 ※管理控制情况

查看原材料/组部件管理实际执行情况。

a) 不能采用国家明令禁止的原材料/组部件。

b) 按工艺文件所规定的技术要求和相应管理文件，根据生产计划采购。主要原材料/组部件供应商变更有相应的报告并在相关工艺文件中说明。

c) 按规定进行进厂检验，验收合格后入库。

d) 分类独立存放，物资仓库有足够的存储空间和适宜的环境，实行定置管理，标识清晰、正确、规范、合理。

    e) 原材料/组部件管理制度严格执行，且原材料/组部件使用现场记录内容规范、详实，并具有可追溯性。

8 数智制造

应用互联网和物联网技术，打造"透明工厂"，生产制造、试验检验、原材料/组部件管理等信息对买方公开，接入国家电网电工装备智慧物联平台。

加强数字基础设施建设，推动数字技术与先进制造技术融合发展。供应商相关业务数据、原材料/组部件检验数据、生产过程检验数据、出厂试验数据、成品信息数据和视频数据等支持自动采集或系统推送。数据接口需保障数据完整性、正确性、安全性，具有可扩展性、通信实时性等。

具有原材料/组部件数据及检验数据接入条件，从原材料采购直至原材料检验入库过程中关键工艺数据主要包括继电器、电源模块、互感器数据3项。

具有工艺控制数据及检测数据接入条件，生产工艺流程中关键工艺数据主要包括：环境温湿度、回流焊、波峰焊、板卡检测、装置组装、绝缘耐压、连续通电试验、装置检测数据8项。

具有出厂试验数据接入条件。

具有视频接入条件，设备视频数据采集应包括回流焊、波峰焊、装置检测、出厂检测4项。

9 绿色发展

查看供应商资源能源消耗情况、战略体系、绿色认证及其他支撑材料。

    a) 相关油、水、气、煤及电力、热力等能源消耗，建立能源利用统计报表制度，分析生产经营环节能源利用情况。

    b) 相关绿色工厂认证、绿色产品标识、绿色供应链管理等相关资质文件。

    c) 将绿色发展理念融入战略体系中，并形成明确的绿色发展目标，制定详实且具有操作性的实施路径。

    d) 建立、实施并保持支撑企业绿色低碳发展的绿色管理体系情况，包括但不限于能源管理体系、碳排放管理体系、能源计量管理体系等。

    e) 使用无害原材料，禁止使用国家明令禁止的淘汰设备、工艺技术等，并应用国家鼓励的节能设备与先进工艺技术情况。

    f) 建立完善的绿色采购管理制度，推广绿色包装材料应用，并建立系统的循环利用体系，实施绿色制造情况。

    g) 生产环节的大气污染物排放、水体污染物排放、固体废弃物排放、噪声排放等基础排放符合相关国家标准及地方标准要求情况。

10 售后服务及产能

10.1 售后服务

查阅管理文件、组织机构设置、人员档案及售后服务记录等相关信息。

a) 具备电力工程经验的人员，能够保证设备在工程现场进行技术支持。

b) 具备提供 24 小时电话服务能力，并具有相应的技术服务团队和备品备件。当运行中的设备出现危及系统安全的故障时，具备在规定时间内到达故障现场处理的能力。

10.2 产能

产能情况通过现场实际情况及供应商提供的产能计算报告，根据产品生产的瓶颈进行判断。

本文件中所有核实内容都将对供应商参与招投标活动有重要影响，其中标记"※"的内容是以往招标必备项的要求，也是重点核实内容，其他未标记"※"的为一般核实内容。

附 录 A
试 验 项 目 及 依 据

A.1 型式试验

A.1.1 电气性能、环境检验

电气性能、环境检验主要项目有：

a) 外观检查；

b) 性能试验；

c) 功能试验；

d) 直流电源影响试验；

e) 功率消耗试验；

f) 温度影响试验；

g) 温度贮存试验；

h) 绝缘性能试验；

i) 湿热性能试验；

j) 机械性能试验；

k) 介质强度试验；

l) 冲击电压试验。

A.1.2 电磁兼容检验

电磁兼容检验主要项目有：

a) 静电放电；

b) 电快速瞬变脉冲群抗扰度；

c) 振荡波抗扰度；

d) 射频电磁场辐射抗扰度；

e) 浪涌（冲击）抗扰度；

f) 射频场感应的传导骚扰抗扰度；

g) 辐射发射；

h) 传导发射；

i) 阻尼振荡磁场抗扰度；

j) 脉冲磁场抗扰度；

k) 工频磁场抗扰度；

l) 电压跌落（电压暂降、短时中断、纹波）。

A.2 一致性测试

一致性测试项目按 DL/T 860.10《电力自动化通信网络和系统 第 10 部分：一致性

测试》中规定的试验项目要求。

A.3 现场抽样检测

现场抽样检测项目从以下项目中选定：

a) 外观检查；

b) 装置上电检查（包括软件版本、校验码及型号等）；

c) 功能试验，包括配置信息、故障简报、保护录波的查询、检索及分类统计等；

d) 绝缘电阻测试；

e) 介质强度试验；

f) 安全标志检查。

变电站（含智能变电站）故障录波装置供应商资质能力信息核实规范

目　　次

1　范围 ··· 16

2　规范性引用文件 ·· 16

3　资质信息 ·· 16

　3.1　企业信息 ··· 16

　3.2　报告证书 ··· 17

　3.3　产品业绩 ··· 17

4　设计研发能力 ·· 18

　4.1　技术来源与支持 ·· 18

　4.2　设计研发内容 ·· 18

　4.3　设计研发人员 ·· 18

　4.4　设计研发工具 ·· 18

　4.5　获得专利情况 ·· 18

　4.6　参与标准制（修）订情况 ·· 18

　4.7　产品获奖情况 ·· 18

　4.8　软件管理能力 ·· 18

　4.9　参与的重大项目 ·· 18

　4.10　商业信誉 ·· 18

5　生产制造能力 ·· 18

　5.1　※生产厂房 ··· 18

　5.2　※生产工艺 ··· 18

　5.3　※生产设备 ··· 19

　5.4　生产、技术、质量管理人员 ······································· 19

6　试验检测能力 ·· 19

　6.1　※试验场所 ··· 19

　6.2　※试验检测管理 ·· 19

　6.3　※试验检测设备 ·· 19

　6.4　※试验检测人员 ·· 20

　6.5　※现场抽样 ··· 20

7　原材料/组部件管理 ·· 20

　7.1　※管理规章制度 ·· 20

　7.2　※管理控制情况 ·· 20

8　数智制造 ··· 20

9　绿色发展 ··· 21

10　售后服务及产能 ·· 21

　10.1　售后服务 ·· 21

　10.2　产能 ·· 22

附录A　试验项目及依据 ·· 23

　A.1　型式试验 ··· 23

　A.2　动模试验 ··· 24

　A.3　一致性测试 ··· 24

　A.4　现场抽样检测 ··· 24

变电站（含智能变电站）故障录波装置
供应商资质能力信息核实规范

1 范围

本文件规定了国家电网有限公司对变电站（含智能变电站）故障录波装置供应商的资质条件及制造能力信息进行核实的依据。

本文件适用于国家电网有限公司变电站（含智能变电站）故障录波装置供应商的信息核实工作。

2 规范性引用文件

下列文件中的内容通过文中的规范性引用而构成本文件必不可少的条款。其中，注日期的引用文件，仅该日期对应的版本适用于本文件；不注日期的引用文件，其最新版本（包括所有的修改单）适用于本文件。

GB/T 7261 继电保护和安全自动装置基本试验方法

GB/T 14285 继电保护和安全自动装置技术规程

GB/T 14598.301—2020 电力系统连续记录装置技术要求

GB/T 22386—2008 电力系统暂态数据交换通用格式

GB/T 26864 电力系统继电保护产品动模试验

GB/T 32901—2016 智能变电站继电保护通用技术条件

DL/T 478—2013 继电保护和安全自动装置通用技术条件

DL/T 553—2013 电力系统动态记录装置通用技术条件

DL/T 860.10 电力自动化通信网络和系统 第 10 部分：一致性测试

Q/GDW 441 智能变电站继电保护技术规范

Q/GDW 1396 IEC61850 工程继电保护应用模型

Q/GDW 1808 智能变电站继电保护通用技术条件

Q/GDW 10976—2017 电力系统动态记录装置技术规范

Q/GDW 11264—2014 电力系统动态记录装置检测规范

3 资质信息

3.1 企业信息

3.1.1 ※基本信息

查阅营业执照。

供应商为中华人民共和国境内依法注册的法人或其他组织。

3.1.2 法定代表人/负责人信息

查阅法定代表人/负责人身份证（或护照）。

3.1.3 财务信息

查阅审计报告、财务报表，其中审计报告为具有资质的第三方机构出具。

3.1.4 资信等级证明

查阅银行或专业评估机构出具的证明。

3.1.5 注册资本和股本结构

查阅验资报告。

3.2 报告证书

3.2.1 ※检测报告

查阅检测报告、送样样品生产过程记录及其他支撑资料。

a) 检测报告出具机构为国家授权的专业检测机构。检测机构具有计量认证证书（CMA）及中国合格评定国家认可委员会颁发的实验室认可证书（CNAS），且证书附表检测范围涵盖所核实产品。

b) 型式（检验）试验报告、动模试验报告宜分开出具，报告在有效期内；智能变电站故障录波装置具备有效期内的一致性测试报告。

c) 多种行业标准并存时，优先执行电力行业标准和国家电网有限公司企业标准。

d) 检测报告的委托方和产品制造方是供应商自身。

e) 产品的型式（检验）试验报告、动模试验报告、一致性测试报告符合相应的国家标准、电力行业标准、国家电网有限公司企业标准和物资采购标准规定的试验项目和试验数值的要求，试验报告项目包含附录 A 规定的内容。

f) 当产品设计、关键材料、关键元器件、装置软件或制造工艺改变或者产品转厂生产或异地生产时，须重新进行相应的型式（检验）试验。

g) 国标、行标规定的检测报告有效期有差异的，以有效期短的为准；国标、行标均未明确检测报告有效期的，检测报告有效期按长期有效认定。

3.2.2 专业检测

国家电网有限公司已组织的专业检测的产品提供专业检测合格公告。

3.2.3 ※质量管理体系

具有健全的质量管理体系，且运行情况良好，查阅管理体系认证书或其他证明材料。

3.3 产品业绩

查阅供货合同及相应的合同销售发票。

a) 合同的供货方和实际产品的生产方均为供应商自身。

b) 不予统计的业绩有（不限于此）：

　　1) 与同类产品制造厂之间的业绩；

　　2) 作为元器件、组部件的业绩；

　　3) 出口业绩；

4） 用户工程的业绩；

5） 产品用于试验室或试验站的业绩。

注：设备接入电压等级低于 110（66）kV 的工程或无法明确运行维护管理规定的工程视为用户工程。

4 设计研发能力

4.1 技术来源与支持
有技术合作支持方的查阅技术协作协议，以及设计文件图纸等相关信息。

4.2 设计研发内容
查阅产品、材料的设计、试验、关键工艺技术、质量控制方面的研发情况。

4.3 设计研发人员
查阅设计研发部门的机构设置及人员信息。

4.4 设计研发工具
查验供应商实际研发设计工具。

4.5 获得专利情况
查阅与产品相关已获授权专利证书。

4.6 参与标准制（修）订情况
查阅参与制定并已颁布的标准等证明材料信息。

4.7 产品获奖情况
查阅与产品相关的省部级及以上获奖证书等相关信息。

4.8 软件管理能力
查阅供应商提供的规章制度文件、过程记录及相关证书核实。

4.9 参与的重大项目
查阅有关证明供应商参与重大项目的资料信息。

4.10 商业信誉
查阅企业相关国家、行业或第三方发布的综合实力、品牌等排名。

5 生产制造能力

5.1 ※生产厂房
查阅不动产权证书、土地使用权证、房屋产权证、厂房设计图纸、房屋租赁合同、用电客户编号等相关信息。

具有与产品相配套的厂房，厂房为自有或长期租赁，厂房面积、洁净程度符合生产产品的要求。

5.2 ※生产工艺
查阅工艺控制文件、管理文件及工艺流程控制记录等相关信息。

5.2.1 工艺控制文件
工序的作业指导书、工艺控制文件齐全、统一、规范。其工艺文件中所规定的关键技术要求和技术参数不低于国家标准、电力行业标准、国家电网有限公司企业标准和物资采购标准。各工艺环节中无国家明令禁止的行为。

完整的工艺文件包括产品质量重要度分级、外购外协件清单及检测标准、生产工序流程、过程控制工艺卡、产品质量检验标准、生产操作手册、安装使用说明书等。

5.2.2 关键生产工艺控制

产品工艺技术成熟、稳定。从原材料/组部件到产品入库所规定的每道工序的工艺技术能保证产品生产的需要。生产产品的各个工序按工艺文件执行，现场记录内容规范、详实，并具有可追溯性。现场定置管理，有明显的标识，主要的生产设备的操作规程图表上墙。

5.3 ※生产设备

查阅设备的现场实际情况及购买发票等相关信息：

a) 具有与产品生产相适应的设备，主要生产设备不能租用或借用。

b) 生产设备使用正常，计量仪器、仪表具有相应资质单位出具的有效检定证书（报告），并在检定合格期内。建立设备管理档案（包括使用说明、台账、保养维护记录等），其维修保养等记录规范、详实，具有可追溯性。

5.4 生产、技术、质量管理人员

查阅人力资源部门管理文件（如劳动合同、人员花名册、社保证明等），包括生产、技术、质量管理等人员数量。结合现场实际情况，观察现场人员的操作水平。

a) 具有生产需要的专职生产人员及技术人员。一线生产人员经培训上岗，操作熟练。

b) 具有质量管理组织机构、质量管理部门及人员。

6 试验检测能力

6.1 ※试验场所

查看试验场所现场情况。

具有与试验产品相配套的试验场所，具有主要的除尘及防静电措施，试验场所环境符合试验要求。

6.2 ※试验检测管理

查阅相关的规章制度文件、过程记录及出厂试验报告等相关信息。

具有试验室管理制度、操作规程、试验标准，并在操作过程中严格按照规程执行。

6.3 ※试验检测设备

查阅设备的现场实际情况及购买发票等相关信息。

a) 设备齐全，符合进行国家标准、电力行业标准、国家电网有限公司企业标准和物资采购标准所规定的逐个试验和抽样试验检测要求，不能委托其他单位进行。主要试验设备包括：绝缘耐压测试设备、单插件自动检测设备、整机检测装置、微机保护测试仪、数字化保护测试仪、网络分析仪、时钟系统等。

b) 试验设备使用正常，计量仪器、仪表具有省级及以上资质单位出具的有效检定证书（报告），并在检定合格期内。建立设备管理档案（包括使用说明、台账、

保养维护记录等），其维修保养等记录规范、详实，具有可追溯性。

6.4 ※试验检测人员

查阅人力资源部门管理文件（如劳动合同、人员花名册等、人员资质证书）和培训记录。

试验人员能独立完成试验，操作熟练，能理解或掌握相关国家标准、电力行业标准、国家电网有限公司企业标准和物资采购标准的有关规定，并具有一定的试验结果分析能力。试验人员经培训上岗。

6.5 ※现场抽样

6.5.1 抽查出厂试验报告

现场抽查至少 2 份出厂试验报告，报告规范完整、项目齐全。

6.5.2 抽样检测

原则上现场应对与被核实产品相同或相近型式的产品进行抽样检验。样品应在供应商声明的合格产品中抽取，抽样检验项目一般在出厂试验项目中选取。抽样检验重点核实供应商试验方法、试验场地环境、人员操作能力、仪器设备有效性和产品性能等方面。

现场抽取申请核实且具有出厂合格证的产品 2 台，抽检 2 项出厂例行试验项目（见附录 A），检测结果符合对应产品出厂试验要求。

7 原材料/组部件管理

7.1 ※管理规章制度

查阅原材料/组部件管理规章制度：

a) 具有进厂检验制度和原材料/组部件管理制度。

b) 具有主要原材料/组部件供应商筛选制度，外购原材料/组部件生产厂家通过质量管理体系认证。

7.2 ※管理控制情况

查看原材料/组部件管理实际执行情况：

a) 不能采用国家明令禁止的原材料/组部件。

b) 按工艺文件所规定的技术要求和相应管理文件，根据生产计划采购。主要原材料/组部件供应商变更有相应的报告并在相关工艺文件中说明。

c) 按规定进行进厂检验，验收合格后入库。

d) 分类独立存放，物资仓库有足够的存储空间和适宜的环境，实行定置管理，标识清晰、正确、规范、合理。

e) 原材料/组部件管理制度严格执行，且原材料/组部件使用现场记录内容规范、详实，并具有可追溯性。

8 数智制造

应用互联网和物联网技术，打造"透明工厂"，生产制造、试验检验、原材料/组部件管理等信息对买方公开，接入国家电网电工装备智慧物联平台。

加强数字基础设施建设，推动数字技术与先进制造技术融合发展。供应商相关业务数据、原材料/组部件检验数据、生产过程检验数据、出厂试验数据、成品信息数据和视频数据等支持自动采集或系统推送。数据接口需保障数据完整性、正确性、安全性，具有可扩展性、通信实时性等。

具有原材料/组部件数据及检验数据接入条件，从原材料采购直至原材料检验入库过程中关键工艺数据主要包括：继电器、电源模块、互感器数据 3 项。

具有工艺控制数据及检测数据接入条件，生产工艺流程中关键工艺数据主要包括：环境温湿度、回流焊、波峰焊、板卡检测、装置组装、绝缘耐压、连续通电试验、装置检测数据 8 项。

具有出厂试验数据接入条件。

具有视频接入条件，设备视频数据采集应包括回流焊、波峰焊、装置检测、出厂检测 4 项。

9 绿色发展

查看供应商资源能源消耗情况、战略体系、绿色认证及其他支撑材料。包括：

a) 相关油、水、气、煤及电力、热力等能源消耗，建立能源利用统计报表制度，分析生产经营环节能源利用情况。

b) 相关绿色工厂认证、绿色产品标识、绿色供应链管理等相关资质文件。

c) 将绿色发展理念融入战略体系中，并形成明确的绿色发展目标，制定详实且具有操作性的实施路径。

d) 建立、实施并保持支撑企业绿色低碳发展的绿色管理体系情况，包括但不限于能源管理体系、碳排放管理体系、能源计量管理体系等。

e) 使用无害原材料，禁止使用国家明令禁止的淘汰设备、工艺技术等，并应用国家鼓励的节能设备与先进工艺技术情况。

f) 建立完善的绿色采购管理制度，推广绿色包装材料应用，并建立系统的循环利用体系，实施绿色制造情况。

g) 生产环节的大气污染物排放、水体污染物排放、固体废弃物排放、噪声排放等基础排放符合相关国家标准及地方标准要求情况。

10 售后服务及产能

10.1 售后服务

查阅管理文件、组织机构设置、人员档案及售后服务记录等相关信息。

a) 具备电力工程经验的人员，能够保证设备在工程现场进行技术支持。

b) 具备提供 24 小时电话服务能力，并具有相应的技术服务团队和备品备件。当运行中的设备出现危及系统安全的故障时，具备在规定时间内到达故障现场处理的能力。

10.2 产能

产能情况通过现场实际情况及供应商提供的产能计算报告，根据产品生产的瓶颈进行判断。

本文件中所有核实内容都将对供应商参与招投标活动有重要影响，其中标记"※"的内容是以往招标必备项的要求，也是重点核实内容，其他未标记"※"的为一般核实内容。

附 录 A
试 验 项 目 及 依 据

A.1 型式试验

A.1.1 电气性能、环境检验

电气性能、环境检验主要项目有：

a) 外观检查；

b) 测量元件准确度和变差；

c) 功能试验；

d) 直流电源影响试验；

e) 功率消耗；

f) 温度变化影响试验；

g) 温度贮存试验；

h) 高、低温运行试验；

i) 过载能力试验；

j) 湿热性能试验；

k) 机械性能试验；

l) 介质强度试验；

m) 冲击电压试验；

n) 绝缘电阻试验；

o) 安全要求（外壳防护等级检查、保护联结电阻试验）；

p) 连续通电试验（可选）。

A.1.2 电磁兼容检验

电磁兼容检验主要项目有：

a) 辐射发射；

b) 传导发射；

c) 射频电磁场辐射抗扰度；

d) 静电放电抗扰度；

e) 射频场感应的传导骚扰抗扰度；

f) 电快速瞬变脉冲群抗扰度；

g) 慢速阻尼振荡波抗扰度；

h) 浪涌抗扰度；

i) 工频抗扰度；

j) 工频磁场抗扰度；

k) 脉冲磁场抗扰度；

l) 阻尼振荡磁场抗扰度；

m) 交流和直流电压暂降；

n) 交流和直流电压中断；

o) 直流中的交流分量（纹波）；

p) 缓降/缓升。

注：型式试验项目按 Q/GDW 10976—2017《电力系统动态记录装置技术规范》中表 11 规定的型式试验项目要求。

A.2 动模试验

动模试验项目按 GB/T 26864《电力系统继电保护产品动模试验》中规定的各类保护产品的试验项目要求。

A.3 一致性测试

一致性测试项目按 DL/T 860.10《电力自动化通信网络和系统 第 10 部分：一致性测试》中规定的试验项目要求。

A.4 现场抽样检测

现场抽样检测项目从以下项目中选定：

a) 外观检查；

b) 装置上电检查（包括软件版本、校验码及型号等）；

c) 功能试验：包括装置录波启动逻辑、记录时长、记录准确度等；

d) 绝缘电阻测试；

e) 介质强度试验；

f) 安全标志检查。

变电站（含智能变电站）故障测距装置供应商资质能力信息核实规范

目　　次

1　范围 ……………………………………………………………………… 28
2　规范性引用文件 ………………………………………………………… 28
3　资质信息 ………………………………………………………………… 28
　3.1　企业信息 …………………………………………………………… 28
　3.2　※报告证书 ………………………………………………………… 29
　3.3　产品业绩 …………………………………………………………… 29
4　设计研发能力 …………………………………………………………… 30
　4.1　技术来源与支持 …………………………………………………… 30
　4.2　设计研发内容 ……………………………………………………… 30
　4.3　设计研发人员 ……………………………………………………… 30
　4.4　设计研发工具 ……………………………………………………… 30
　4.5　获得专利情况 ……………………………………………………… 30
　4.6　参与标准制（修）订情况 ………………………………………… 30
　4.7　产品获奖情况 ……………………………………………………… 30
　4.8　软件管理能力 ……………………………………………………… 30
　4.9　参与的重大项目 …………………………………………………… 30
　4.10　商业信誉 ………………………………………………………… 30
5　生产制造能力 …………………………………………………………… 30
　5.1　※生产厂房 ………………………………………………………… 30
　5.2　※生产工艺 ………………………………………………………… 30
　5.3　※生产设备 ………………………………………………………… 31
　5.4　生产、技术、质量管理人员 ……………………………………… 31
6　试验检测能力 …………………………………………………………… 31
　6.1　※试验场所 ………………………………………………………… 31
　6.2　※试验检测管理 …………………………………………………… 31
　6.3　※试验检测设备 …………………………………………………… 31
　6.4　※试验检测人员 …………………………………………………… 31
　6.5　※现场抽样 ………………………………………………………… 32
7　原材料/组部件管理 …………………………………………………… 32
　7.1　※管理规章制度 …………………………………………………… 32
　7.2　※管理控制情况 …………………………………………………… 32

8　数智制造 ……………………………………………………………………… 32

9　绿色发展 ……………………………………………………………………… 33

10　售后服务及产能 …………………………………………………………… 33

　　10.1　售后服务 ……………………………………………………………… 33

　　10.2　产能 …………………………………………………………………… 33

附录 A　试验项目及依据 ……………………………………………………… 34

　　A.1　型式试验 ……………………………………………………………… 34

　　A.2　一致性测试 …………………………………………………………… 35

　　A.3　现场抽样检测 ………………………………………………………… 35

变电站（含智能变电站）故障测距装置
供应商资质能力信息核实规范

1 范围

本文件规定了国家电网有限公司对变电站（含智能变电站）故障测距装置供应商的资质条件及制造能力信息进行核实的依据。

本文件适用于国家电网有限公司变电站（含智能变电站）故障测距装置供应商的信息核实工作。

2 规范性引用文件

下列文件中的内容通过文中的规范性引用而构成本文件必不可少的条款。其中，注日期的引用文件，仅该日期对应的版本适用于本文件；不注日期的引用文件，其最新版本（包括所有的修改单）适用于本文件。

GB/T 7261　继电保护和安全自动装置基本试验方法

GB/T 14285　继电保护和安全自动装置技术规程

GB/T 26864　电力系统继电保护产品动模试验

DL/T 357　输电线路行波故障测距装置技术条件

DL/T 478　继电保护和安全自动装置通用技术条件

Q/GDW 441　智能变电站继电保护技术规范

Q GDW 1877　电网行波测距装置运行规程

3 资质信息

3.1 企业信息

3.1.1 ※基本信息

查阅营业执照。

供应商为中华人民共和国境内依法注册的法人或其他组织。

3.1.2 法定代表人/负责人信息

查阅法定代表人/负责人身份证（或护照）。

3.1.3 财务信息

查阅审计报告、财务报表，其中审计报告为具有资质的第三方机构出具。

3.1.4 资信等级证明

查阅银行或专业评估机构出具的证明。

3.1.5 注册资本和股本结构

查阅验资报告。

3.2 ※报告证书

3.2.1 检测报告

查阅检测报告、送样样品生产过程记录及其他支撑资料。

a) 检测报告出具机构为国家授权的专业检测机构。检验机构具有计量认证证书（CMA）及中国合格评定国家认可委员会颁发的实验室认可证书（CNAS），且证书附表检测范围涵盖所核实产品。

b) 故障测距装置具备有效期内的型式试验报告。智能变电站故障测距装置具备有效期内的一致性测试报告。

c) 多种行业标准并存时，优先执行电力行业标准和国家电网有限公司企业标准。

d) 检测报告的委托方和产品制造方是供应商自身。

e) 产品的型式试验报告、一致性测试报告符合相应的国家标准、电力行业标准、国家电网有限公司企业标准和物资采购标准规定的试验项目和技术指标的要求，试验报告项目应包含附录 A 中规定的内容。

f) 当产品设计、关键材料、元器件、装置软件或制造工艺改变或者产品转厂生产或异地生产时，重新进行相应的型式试验。

g) 国标、行标规定的检测报告有效期有差异的，以有效期短的为准；国标、行标均未明确检测报告有效期的，检测报告有效期按长期有效认定。

3.2.2 质量管理体系

具有健全的质量管理体系，且运行情况良好，查阅管理体系认证书或其他证明材料。

3.3 产品业绩

查阅供货合同及相应的合同销售发票。

a) 合同的供货方和实际产品的生产方均为供应商自身。

b) 不予统计的业绩有（不限于此）：

　　1) 与同类产品制造厂之间的业绩；

　　2) 作为元器件、组部件的业绩；

　　3) 出口业绩；

　　4) 用户工程的业绩；

　　5) 产品用于试验室或试验站的业绩。

注：设备接入电压等级低于 110（66）kV 的工程或无法明确运行维护管理规定的工程视为用户工程。

4 设计研发能力

4.1 技术来源与支持
有技术合作支持方的查阅技术协作协议，以及设计文件图纸等相关信息。

4.2 设计研发内容
查阅产品、材料的设计、试验、关键工艺技术、质量控制方面的研发情况。

4.3 设计研发人员
查阅设计研发部门的机构设置及人员信息。

4.4 设计研发工具
查验供应商实际研发设计工具。

4.5 获得专利情况
查阅与产品相关已获授权专利证书。

4.6 参与标准制（修）订情况
查阅参与制定并已颁布的标准等证明材料信息。

4.7 产品获奖情况
查阅与产品相关的省部级及以上获奖证书等相关信息。

4.8 软件管理能力
查阅供应商提供的规章制度文件、过程记录及相关证书核实。

4.9 参与的重大项目
查阅有关证明供应商参与重大项目的资料信息。

4.10 商业信誉
查阅企业相关国家、行业或第三方发布的综合实力、品牌等排名。

5 生产制造能力

5.1 ※生产厂房
查阅不动产权证书、土地使用权证、房屋产权证、厂房设计图纸、房屋租赁合同、用电客户编号等相关信息。

具有与产品相配套的厂房，厂房为自有或长期租赁，厂房面积、洁净程度符合生产产品的要求。

5.2 ※生产工艺
查阅工艺控制文件、管理文件及工艺流程控制记录等相关信息。

5.2.1 工艺控制文件
各工序的作业指导书、工艺控制文件齐全、统一、规范。其工艺文件中所规定的关键技术要求和技术参数不低于国家标准、电力行业标准、国家电网有限公司企业标准和物资采购标准。各工艺环节中无国家明令禁止的行为。

完整的工艺文件包括产品质量重要度分级、外购外协件清单及检测标准、生产工序流程、过程控制工艺卡、产品质量检验标准、生产操作手册、安装使用说明书等。

5.2.2 关键生产工艺控制

产品工艺技术成熟、稳定。从原材料/组部件到产品入库所规定的每道工序的工艺技术能保证产品生产的需要。生产产品的各个工序按工艺文件执行，现场记录内容规范、详实，并具有可追溯性。现场定置管理，有明显的标识，主要生产设备的操作规程图表上墙。

5.3 ※生产设备

查阅设备的现场实际情况及购买发票等相关信息。

a) 具有与产品生产相适应的设备，主要生产设备不能租用或借用。

b) 生产设备使用正常，计量仪器、仪表具有相应资质单位出具的有效检定证书（报告），并在检定合格期内。建立设备管理档案（包括使用说明、台账、保养维护记录等），其维修保养等记录规范、详实，具有可追溯性。

5.4 生产、技术、质量管理人员

查阅人力资源部门管理文件（如劳动合同、人员花名册、社保证明等），包括生产、技术、质量管理等人员数量。结合现场实际情况，观察现场人员的操作水平。

a) 具有生产需要的专职生产人员及技术人员。一线生产人员经培训上岗，操作熟练。

b) 具有质量管理组织机构、质量管理部门及人员。

6 试验检测能力

6.1 ※试验场所

查看试验场所现场情况。

具有与试验产品相配套的试验场所，具有主要的除尘及防静电措施，试验场所环境符合试验要求。

6.2 ※试验检测管理

查阅相关的规章制度文件、过程记录及出厂试验报告等相关信息。

具有试验室管理制度、操作规程、试验标准，并在操作过程中严格按照规程执行。

6.3 ※试验检测设备

查阅设备的现场实际情况及购买发票等相关信息。

a) 设备齐全，符合国家标准、电力行业标准、国家电网有限公司企业标准和物资采购标准所规定的逐个试验和抽样试验检测要求，不能委托其他单位进行。各类保护类产品的主要试验设备包括：绝缘耐压测试设备、行波测距测试仪（校验仪）、数字化行波测距测试仪（校验仪）、网络分析仪、外部时钟单元等。

b) 试验设备使用正常，计量仪器、仪表具有省级及以上资质单位出具的有效检定证书（报告），并在检定合格期内。建立设备管理档案（包括使用说明、台账、保养维护记录等），其维修保养等记录规范、详实，具有可追溯性。

6.4 ※试验检测人员

查阅人力资源部门管理文件（如劳动合同、人员花名册等、人员资质证书）和培训记录。

试验人员能独立完成试验，操作熟练，能理解或掌握相关国家标准、电力行业标准、国家电网有限公司企业标准和物资采购标准的有关规定，并具有一定的试验结果分析能

力。试验人员经培训上岗。

6.5 ※现场抽样

6.5.1 抽查出厂试验报告

现场抽查至少 2 份出厂试验报告，报告规范完整、项目齐全。

6.5.2 抽样检测

原则上现场应对与被核实产品相同或相近型式的产品进行抽样检验。样品应在供应商声明的合格产品中抽取，抽样检验项目一般在出厂试验项目中选取。抽样检验重点核实供应商试验方法、试验场地环境、人员操作能力、仪器设备有效性和产品性能等方面。

现场抽取申请核实且具有出厂合格证的产品 2 台，抽检 2 项出厂例行试验项目（见附录 A），检测结果符合对应产品出厂试验。

7 原材料/组部件管理

7.1 ※管理规章制度

查阅原材料/组部件管理规章制度。

a) 具有进厂检验制度和原材料/组部件管理制度。

b) 具有主要原材料/组部件供应商筛选制度，外购原材料/组部件生产厂家通过质量管理体系认证。

7.2 ※管理控制情况

查看原材料/组部件管理实际执行情况。

a) 不能采用国家明令禁止的原材料/组部件。

b) 按工艺文件所规定的技术要求和相应管理文件，根据生产计划采购。主要原材料/组部件供应商变更有相应的报告并在相关工艺文件中说明。

c) 按规定进行进厂检验，验收合格后入库。

d) 分类独立存放，物资仓库有足够的存储空间和适宜的环境，实行定置管理，标识清晰、正确、规范、合理。

e) 原材料/组部件管理制度严格执行，且原材料/组部件使用现场记录内容规范、详实，并具有可追溯性。

8 数智制造

应用互联网和物联网技术，打造"透明工厂"，生产制造、试验检验、原材料/组部件管理等信息对买方公开，接入国家电网电工装备智慧物联平台。

加强数字基础设施建设，推动数字技术与先进制造技术融合发展。供应商相关业务数据、原材料/组部件检验数据、生产过程检验数据、出厂试验数据、成品信息数据和视频数据等支持自动采集或系统推送。数据接口需保障数据完整性、正确性、安全性，具有可扩展性、通信实时性等。

具有原材料/组部件数据及检验数据接入条件，从原材料采购直至原材料检验入库过程中关键工艺数据主要包括：继电器、电源模块、互感器数据 3 项。

具有工艺控制数据及检测数据接入条件，生产工艺流程中关键工艺数据主要包括：环境温湿度、回流焊、波峰焊、板卡检测、装置组装、绝缘耐压、连续通电试验、装置检测数据 8 项。

具有出厂试验数据接入条件。

具有视频接入条件，设备视频数据采集应包括回流焊、波峰焊、装置检测、出厂检测 4 项。

9　绿色发展

查看供应商资源能源消耗情况、战略体系、绿色认证及其他支撑材料。

a) 相关油、水、气、煤及电力、热力等能源消耗，建立能源利用统计报表制度，分析生产经营环节能源利用情况。

b) 相关绿色工厂认证、绿色产品标识、绿色供应链管理等相关资质文件。

c) 将绿色发展理念融入战略体系中，并形成明确的绿色发展目标，制定详实且具有操作性的实施路径。

d) 建立、实施并保持支撑企业绿色低碳发展的绿色管理体系情况，包括但不限于能源管理体系、碳排放管理体系、能源计量管理体系等。

e) 使用无害原材料，禁止使用国家明令禁止的淘汰设备、工艺技术等，并应用国家鼓励的节能设备与先进工艺技术情况。

f) 建立完善的绿色采购管理制度，推广绿色包装材料应用，并建立系统的循环利用体系，实施绿色制造情况。

g) 生产环节的大气污染物排放、水体污染物排放、固体废弃物排放、噪声排放等基础排放符合相关国家标准及地方标准要求情况。

10　售后服务及产能

10.1　售后服务

查阅管理文件、组织机构设置、人员档案及售后服务记录等相关信息。

a) 具备电力工程经验的人员，能够保证设备在工程现场进行技术支持。

b) 具备提供 24 小时电话服务能力，并具有相应的技术服务团队和备品备件。当运行中的设备出现危及系统安全的故障时，具备在规定时间内到达故障现场处理的能力。

10.2　产能

产能情况通过现场实际情况及供应商提供的产能计算报告，根据产品生产的瓶颈进行判断。

本文件中所有核实内容都将对供应商参与招投标活动有重要影响，其中标记"※"的内容是以往招标必备项的要求，也是重点核实内容，其他未标记"※"的为一般核实内容。

附 录 A
试 验 项 目 及 依 据

A.1 型式试验

A.1.1 电气性能、环境检验

电气性能、环境检验项目包括：

a) 外观检查；

b) 性能试验；

c) 功能试验；

d) 电源影响试验；

e) 功率消耗试验；

f) 温度影响试验；

g) 温度贮存试验；

h) 耐湿热试验；

i) 振动试验；

j) 冲击和碰撞试验；

k) 绝缘电阻试验；

l) 介质强度试验；

m) 冲击电压试验；

n) 过载能力试验。

A.1.2 电磁兼容检验

电磁兼容检验项目包括：

a) 静电放电抗扰度；

b) 电快速瞬变/脉冲群抗扰度；

c) 射频电磁场辐射抗扰度；

d) 浪涌（冲击）抗扰度；

e) 工频抗扰度；

f) 射频场感应的传导骚扰抗扰度；

g) 阻尼振荡磁场抗扰度；

h) 脉冲磁场抗扰度；

i) 工频磁场抗扰度；

j) 辐射发射；

k) 传导发射。

A.2　一致性测试

一致性测试项目按 DL/T 860.10《电力自动化通信网络与系统　第 10 部分：一致性测试》规定的试验项目要求。

A.3　现场抽样检测

现场抽样检测项目从以下项目中选定：

a)　结构和外观检查；

b)　装置上电检查（包括软件版本、校验码及型号等）；

c)　性能试验，包括测量精度、采样率等；

d)　绝缘电阻测试；

e)　介质强度试验；

f)　安全标志检查；

g)　通信及规约一致性试验。

换流站直流控制保护系统
供应商资质能力信息核实规范

目　次

1　范围 ··· 39
2　规范性引用文件 ··· 39
3　资质信息 ··· 40
　3.1　企业信息 ··· 40
　3.2　报告证书 ··· 41
　3.3　产品业绩 ··· 41
4　设计研发能力 ··· 41
　4.1　技术来源与支持 ·· 41
　4.2　设计研发内容 ··· 41
　4.3　设计研发人员 ··· 42
　4.4　设计研发工具 ··· 42
　4.5　获得专利情况 ··· 42
　4.6　参与标准制（修）订情况 ······························ 42
　4.7　产品获奖情况 ··· 42
　4.8　软件管理能力 ··· 42
　4.9　参与的重大项目 ·· 42
　4.10　商业信誉 ··· 42
5　生产制造能力 ··· 42
　5.1　※生产厂房 ··· 42
　5.2　生产工艺 ··· 42
　5.3　生产设备 ··· 43
　5.4　生产、技术、质量管理人员 ···························· 43
6　试验检测能力 ··· 43
　6.1　试验场所 ··· 43
　6.2　试验检测管理 ··· 43
　6.3　试验检测设备 ··· 43
　6.4　试验检测人员 ··· 43
　6.5　现场抽样 ··· 44
7　原材料/组部件管理 ·· 44
　7.1　管理规章制度 ··· 44
　7.2　管理控制情况 ··· 44

8　数智制造 ··· 44

9　绿色发展 ··· 44

10　售后服务及产能 ·· 45

　　10.1　售后服务 ·· 45

　　10.2　产能 ·· 45

附录 A　现场抽样检测项目 ·· 46

　　A.1　现场抽样检测必做项目 ···································· 46

　　A.2　现场抽样检测选做项目 ···································· 46

换流站直流控制保护系统
供应商资质能力信息核实规范

1　范围

本文件规定了国家电网有限公司对换流站直流控制保护系统供应商的资质条件及制造能力信息进行核实的依据。

本文件适用于国家电网有限公司换流站直流控制保护系统供应商的信息核实工作。包括：

a)　直流控制保护；

b)　换流站监控系统；

c)　换流站半自动功率曲线及事件集成系统；

d)　换流站交流出线断面失电监测装置。

2　规范性引用文件

下列文件中的内容通过文中的规范性引用而构成本文件必不可少的条款。其中，注日期的引用文件，仅该日期对应的版本适用于本文件；不注日期的引用文件，其最新版本（包括所有的修改单）适用于本文件。

GB 2423　电工电子产品基本环境试验规程

GB 4208　外壳防护等级

GB 4858　电气继电器的绝缘试验

GB 6162　静态继电器和保护装置的电气干扰试验

GB/T 7261　继电器和继电保护装置基本试验方法

GB/T 13729　远动终端通用技术条件

GB/T 14285　继电保护和安全自动装置技术规程

GB/T 15532　计算机软件测试规范

GB/T 17626.1　电磁兼容　试验和测量技术　抗扰度试验总论

GB/T 17626.2　电磁兼容　试验和测量技术　静电放电抗扰度试验

GB/T 17626.3　电磁兼容　试验和测量技术　射频电磁场辐射抗扰度试验

GB/T 17626.4　电磁兼容　试验和测量技术　电快速瞬变脉冲群抗扰度试验

GB/T 17626.5　电磁兼容　试验和测量技术　浪涌（冲击）抗扰度试验

GB/T 17626.6　电磁兼容　试验和测量技术　射频场感应的传导骚扰抗扰度

GB/T 17626.8　电磁兼容　试验和测量技术　工频磁场抗扰度试验

GB/T 17626.10　电磁兼容　试验和测量技术　阻尼振荡磁场抗扰度试验

GB/T 17626.11　电磁兼容　试验和测量技术　电压暂降、短时中断和电压变化抗扰度试验

GB/T 17626.12　电磁兼容　试验和测量技术　振荡波抗扰度试验

GB/T 22390.1　高压直流输电系统控制与保护设备　第1部分：运行人员控制系统

GB/T 22390.2　高压直流输电系统控制与保护设备　第2部分：交直流系统站控设备

GB/T 22390.3　高压直流输电系统控制与保护设备　第3部分：直流系统极控设备

GB/T 22390.4　高压直流输电系统控制与保护设备　第4部分：直流系统保护设备

GB/T 22390.5　高压直流输电系统控制与保护设备　第5部分：直流线路故障定位装置

GB/T 25843　±800kV特高压直流输电控制与保护设备技术要求

GB/T 35745　柔性直流输电控制与保护设备技术要求

GB/T 36572　电力监控系统网络安全防护导则

GB/T 50062　电力装置的继电保护及安全自动装置设计规范

GB/T 50171　电气装置安装工程　盘、柜及二次回路接线施工及验收规范

DL/T 277　高压直流输电系统控制保护整定技术规程

DL/T 476　电力系统实时数据通信应用层协议

DL/T 478　继电保护及安全自动装置通用技术条件

DL/T 720　电力系统继电保护及安全自动装置柜（屏）通用技术条件

DL/T 1778　柔性直流保护和控制设备技术条件

DL/T 1780　超（特）高压直流输电控制保护系统检验规范

DL/T 5563　换流站监控系统设计规程

Q/GDW 628　换流站直流系统保护装置标准化规范

Q/GDW 629　换流站直流主设备非电量保护技术规范

Q/GDW 11355　高压直流系统保护装置技术规范

Q/GDW 11889　高压柔性直流输电控制保护装置技术规范

3　资质信息

3.1　企业信息

3.1.1　※基本信息

查阅营业执照。

供应商为中华人民共和国境内依法注册的法人或其他组织。

3.1.2　法定代表人/负责人信息

查阅法定代表人/负责人身份证（或护照）。

3.1.3　财务信息

查阅审计报告、财务报表，其中审计报告为具有资质的第三方机构出具。

3.1.4　资信等级证明
查阅银行或专业评估机构出具的证明。

3.1.5　注册资本和股本结构
查阅验资报告。

3.2　报告证书

3.2.1　检测报告
查阅检测报告、送样样品生产过程记录及其他支撑资料。

a)　直流控制保护产品检测报告出具机构为国家授权的专业检测机构或者国际专业权威机构。境内检验机构具有计量认证证书（CMA）及中国合格评定国家认可委员会颁发的实验室认可证书（CNAS），且证书附表检测范围涵盖所核实产品。

b)　直流控制保护产品检测报告及保护入网检测报告（如有）在有效期内。

c)　多种行业标准并存时，优先执行电力行业标准和国家电网有限公司企业标准。

d)　检测报告的委托方和产品制造方是供应商自身。

e)　直流控制保护产品的检测报告符合相应的国家标准、电力行业标准、国家电网有限公司企业标准和物资采购标准规定的试验项目和试验数值的要求。

f)　当直流控制保护产品设计、关键材料、关键元器件、装置软件或制造工艺改变或者产品转厂生产或异地生产时，重新进行相应的试验。

g)　国家标准、行业标准规定的检测报告有效期有差异的，以有效期短的为准；国家标准、行业标准均未明确检测报告有效期的，检测报告有效期按长期有效认定。

3.2.2　质量管理体系
具有健全的质量管理体系，且运行情况良好，查阅管理体系认证书或其他证明材料。

3.3　产品业绩
查阅供货合同及相应的合同销售发票。

a)　合同的供货方和实际产品的生产方均为供应商自身。

b)　不予统计的业绩有（不限于此）：

1)　与同类产品制造厂之间的业绩（2015年以后国网整站招标的除外）；

2)　作为元器件、组部件的业绩；

3)　出口业绩；

4)　产品用于试验室或试验站的业绩。

4　设计研发能力

4.1　技术来源与支持
有技术合作支持方的查阅技术协作协议，以及设计文件图纸等相关信息。

4.2　设计研发内容
查阅产品、材料的设计、试验、关键工艺技术、质量控制方面的研发情况。

4.3 设计研发人员

查阅设计研发部门的机构设置及人员信息。

4.4 设计研发工具

查验供应商实际研发设计工具。直流控制保护产品查验供应商实际仿真试验场地，查验离线仿真及实时仿真软硬件，查验控制保护可视化编程工具。

4.5 获得专利情况

查阅与产品相关已获授权专利证书。

4.6 参与标准制（修）订情况

查阅参与制定并已颁布的标准等证明材料信息。

4.7 产品获奖情况

查阅与产品相关的省部级及以上获奖证书等相关信息。

4.8 软件管理能力

查阅供应商提供的规章制度文件、过程记录。核实直流控制保护软件具备自动生成软件版本校验码的能力。

4.9 参与的重大项目

查阅有关证明供应商参与重大项目的资料信息。

4.10 商业信誉

查阅企业相关国家、行业或第三方发布的综合实力、品牌等排名。

5 生产制造能力

5.1 ※生产厂房

查阅不动产权证书、土地使用权证、房屋产权证、厂房设计图纸、房屋租赁合同、用电客户编号等相关信息。

具有与产品相配套的厂房，厂房为自有或长期租赁，厂房面积、洁净程度符合生产产品的要求。

5.2 生产工艺

查阅工艺控制文件、管理文件及工艺流程控制记录等相关信息。

5.2.1 工艺控制文件

各工序的作业指导书、工艺控制文件齐全、统一、规范。其工艺文件中所规定的关键技术要求和技术参数不低于国家标准、电力行业标准、国家电网有限公司企业标准和物资采购标准。各工艺环节中无国家明令禁止的行为。

完整的工艺文件包括产品质量重要度分级、外购外协件清单及检测标准、生产工序流程、过程控制工艺卡、产品质量检验标准、生产操作手册、安装使用说明书等。

5.2.2 关键生产工艺控制

产品工艺技术成熟、稳定。从原材料/组部件到产品入库所规定的每道工序的工艺技术能保证产品生产的需要。生产产品的各个工序按工艺文件执行，现场记录内容规范、详实，并具有可追溯性。现场定置管理，有明显的标识，主要生产设备的操作规程图表上墙。

5.3 生产设备

查阅设备的现场实际情况及购买发票等相关信息。

a) 具有与产品生产相适应的设备，主要生产设备不能租用或借用。主要生产设备包括：高温老化设备、关键元器件的筛选设备、单插件自动测试设备、整机或系统检验/检测设备等。

b) 生产设备使用正常，计量仪器、仪表具有相应资质单位出具的有效检定证书（报告），并在检定合格期内。建立设备管理档案（包括使用说明、台账、保养维护记录等），其维修保养等记录规范、详实，具有可追溯性。

5.4 生产、技术、质量管理人员

查阅人力资源部门管理文件（如劳动合同、人员花名册、社保证明等），包括生产、技术、质量管理等人员数量。结合现场实际情况，观察现场人员的操作水平。

a) 具有生产需要的专职生产人员及技术人员，一线生产人员经培训上岗，操作熟练。

b) 具有质量管理组织机构、质量管理部门及人员。

6 试验检测能力

6.1 试验场所

查看试验场所现场情况。

具有与试验产品相配套的试验场所，直流控制保护供应商具有屏柜单体测试及控制保护系统试验场所，试验场所环境符合试验要求。

6.2 试验检测管理

查阅相关的规章制度文件、过程记录及出厂试验报告等相关信息。

具有试验室管理制度、操作规程、试验标准，并在操作过程中严格按照规程执行。

6.3 试验检测设备

查阅设备的现场实际情况及购买发票等相关信息。

a) 设备齐全，符合国家标准、电力行业标准、国家电网有限公司企业标准和物资采购标准所规定的出厂试验检测要求，不能委托其他单位进行。各类产品的主要试验设备包括：绝缘耐压测试设备、单插件自动检测设备、网络分析仪、时钟系统、实时仿真系统及功放（接口）设备等。

b) 试验设备使用正常，计量仪器、仪表具有省级及以上资质单位出具的有效检定证书（报告），并在检定合格期内。建立设备管理档案（包括使用说明、台账、保养维护记录等），其维修保养等记录规范、详实，具有可追溯性。

6.4 试验检测人员

查阅人力资源部门管理文件（如劳动合同、人员花名册等、人员资质证书）和培训记录。

试验人员能独立完成试验，操作熟练，能理解或掌握相关国家标准、电力行业标准、国家电网有限公司企业标准和物资采购标准的有关规定，并具有一定的试验结果分析能力。试验人员经培训上岗。

6.5 现场抽样

6.5.1 抽查出厂试验报告

现场抽查至少 2 份出厂试验报告，报告规范完整、项目齐全。

6.5.2 抽样检测

原则上现场应对与被核实产品相同或相近型式的产品进行抽样检验。样品应在供应商声明的合格产品中抽取，抽样检验项目一般在出厂试验项目中选取。抽样检验重点核实供应商试验方法、试验场地环境、人员操作能力、仪器设备有效性和产品性能等方面。

现场抽取申请核实且具有出厂合格证的产品 2 台，抽检 2 项出厂例行试验项目（见附录 A），检测结果符合对应产品出厂试验。

7 原材料/组部件管理

7.1 管理规章制度

查阅原材料/组部件管理规章制度。

a）具有进厂检验制度和原材料/组部件管理制度。

b）具有主要原材料/组部件供应商筛选制度，外购原材料/组部件生产厂家通过质量管理体系认证。

7.2 管理控制情况

查看原材料/组部件管理实际执行情况。

a）不能采用国家明令禁止的原材料/组部件。

b）按工艺文件所规定的技术要求和相应管理文件，根据生产计划采购。主要原材料/组部件供应商变更有相应的报告并在相关工艺文件中说明。

c）按规定进行进厂检验，验收合格后入库。

d）分类独立存放，物资仓库有足够的存储空间和适宜的环境，实行定置管理，标识清晰、正确、规范、合理。

e）原材料/组部件管理制度严格执行，且原材料/组部件使用现场记录内容规范、详实，并具有可追溯性。

8 数智制造

应用互联网和物联网技术，打造"透明工厂"，生产制造、试验检验、原材料/组部件管理等信息对买方公开，接入国家电网电工装备智慧物联平台。

加强数字基础设施建设，推动数字技术与先进制造技术融合发展。供应商相关业务数据、原材料/组部件检验数据、生产过程检验数据、出厂试验数据、成品信息数据和视频数据等支持自动采集或系统推送。数据接口需保障数据完整性、正确性、安全性，具有可扩展性、通信实时性等。

9 绿色发展

查看供应商资源能源消耗情况、战略体系、绿色认证及其他支撑材料。

a) 相关油、水、气、煤，及电力、热力等能源消耗，建立能源利用统计报表制度，分析生产经营环节能源利用情况。

b) 相关绿色工厂认证、绿色产品标识、绿色供应链管理等相关资质文件。

c) 将绿色发展理念融入战略体系中，并形成明确的绿色发展目标，制定详实且具有操作性的实施路径。

d) 建立、实施并保持支撑企业绿色低碳发展的绿色管理体系情况，包括但不限于能源管理体系、碳排放管理体系、能源计量管理体系等。

e) 使用无害原材料，禁止使用国家明令禁止的淘汰设备、工艺技术等，并应用国家鼓励的节能设备与先进工艺技术情况。

f) 建立完善的绿色采购管理制度，推广绿色包装材料应用，并建立系统的循环利用体系，实施绿色制造情况。

g) 生产环节的大气污染物排放、水体污染物排放、固体废弃物排放、噪声排放等基础排放符合相关国家标准及地方标准要求情况。

10 售后服务及产能

10.1 售后服务

查阅管理文件、组织机构设置、人员档案及售后服务记录等相关信息。

a) 具备电力工程经验的人员，能够保证设备在调试及工程现场进行技术支持，开展工厂试验（包括例行试验、功能试验及见证试验），参加换流站二次系统整体功能及性能测试试验、现场验收试验等。

b) 具备提供 24 小时电话服务能力，并具有相应的技术服务团队和备品备件。当运行中的设备出现影响系统安全的故障或缺陷时，具备在规定时间内到达现场处理故障或缺陷的能力。

10.2 产能

产能情况通过现场实际情况及供应商提供的产能计算报告，根据产品生产的瓶颈进行判断。

本文件中所有核实内容都将对供应商参与招投标活动有重要影响，其中标记"※"的内容是以往招标必备项的要求，也是重点核实内容，其他未标记"※"的为一般核实内容。

附 录 A
现 场 抽 样 检 测 项 目

A.1 现场抽样检测必做项目

A.1.1 外观检查

A.1.2 功能试验

    a) 直流控制保护，从以下项目中选做至少 2 项：

        1) I/O 单元性能试验（信号输入检查、模拟量测量精度测试等）；

        2) 系统（设备）的启动试验；

        3) 数据采集系统测试和精度测试；

        4) 自诊断测试及冗余设备切换；

        5) 稳态性能试验（直流启停、功率升降等）；

        6) 暂态性能试验（故障扰动试验等）；

        7) 动态性能试验（阶跃响应试验等）；

        8) 与子系统的接口试验。

    b) 换流站监控系统，从以下项目中选做至少 2 项：

        1) I/O 单元性能试验（信号输入检查、模拟量测量精度测试等）；

        2) 系统（设备）的启动试验；

        3) 数据采集系统测试和精度测试；

        4) 自诊断测试及冗余设备切换；

        5) 直流启停、运行方式切换等；

        6) 与子系统的接口试验。

    c) 换流站半自动功率曲线事件集成系统：换流站半自动功率曲线试验。

    d) 换流站交流出线断面失电监测试验：换流站交流出线断面失电试验。

A.2 现场抽样检测选做项目

    a) 绝缘电阻测试。

    b) 电源扰动及断电试验。

    c) 介质强度试验。

变电站(含智能变电站)相量测量装置供应商资质能力信息核实规范

目　　次

1　范围 ·· 49

2　规范性引用文件 ··· 49

3　资质信息 ··· 49

　3.1　企业信息 ·· 49

　3.2　※报告证书 ··· 50

　3.3　产品业绩 ·· 50

4　设计研发能力 ··· 50

　4.1　技术来源与支持 ··· 50

　4.2　设计研发内容 ·· 50

　4.3　设计研发人员 ·· 51

　4.4　设计研发工具 ·· 51

　4.5　获得专利情况 ·· 51

　4.6　参与标准制（修）订情况 ·· 51

　4.7　产品获奖情况 ·· 51

　4.8　商业信誉 ·· 51

5　生产制造能力 ··· 51

　5.1　※生产厂房 ··· 51

　5.2　生产、技术、质量管理人员 ·· 51

6　数智制造 ··· 51

7　绿色发展 ··· 51

8　售后服务 ··· 52

附录A　试验项目及依据 ··· 53

　A.1　型式试验 ·· 53

　A.2　一致性测试 ··· 53

变电站（含智能变电站）相量测量装置
供应商资质能力信息核实规范

1 范围

本文件规定了国家电网有限公司对变电站（含智能变电站）相量测量装置供应商的资质条件及生产能力信息进行核实的依据。

本文件适用于国家电网有限公司变电站（含智能变电站）相量测量装置供应商的信息核实工作。

2 规范性引用文件

下列文件中的内容通过文中的规范性引用而构成本文件必不可少的条款。其中，注日期的引用文件，仅该日期对应的版本适用于本文件；不注日期的引用文件，其最新版本（包括所有的修改单）适用于本文件。

GB/T 13729　远动终端设备

GB/T 26862　电力系统同步相量测量装置检测规范

GB/T 26865.2　电力系统实时动态监测系统　第 2 部分：数据传输协议

DL/T 280　电力系统同步相量测量装置通用技术条件

DL/T 860　电力自动化通信网络和系统

DL/T 1405.2　智能变电站的同步相量测量装置　第 2 部分：技术规范

DL/T 1405.3　智能变电站的同步相量测量装置　第 3 部分：检测规范

Q/GDW 10131　电力系统实时动态监测系统技术规范

Q/GDW 11202.6　智能变电站自动化设备检测规范　第 6 部分：同步相量测量装置

3 资质信息

3.1 企业信息

3.1.1 ※基本信息

查阅营业执照。

供应商为中华人民共和国境内依法注册的法人或其他组织。

3.1.2 法定代表人/负责人信息

查阅法定代表人/负责人身份证（或护照）。

3.1.3 财务信息

查阅审计报告、财务报表，其中审计报告为具有资质的第三方机构出具。

3.1.4 资信等级证明

查阅银行或专业评估机构出具的证明。

3.1.5 注册资本和股本结构

查阅验资报告。

3.2 ※报告证书

3.2.1 检测报告

查阅检测报告、送样样品生产过程记录及其他支撑资料。

a) 检测报告出具机构为国家授权的专业检测机构或者国际专业权威机构。

b) 检测报告的委托方和产品制造方可以为原厂商。

c) 型式（检验）试验报告符合相应的国家标准、电力行业标准、国家电网有限公司企业标准和物资采购标准规定的试验项目和试验数值的要求，试验项目符合附录 A.1。

d) 具备电力行业检验检测机构依据 GB/T 26865.2、DL/T 860.10 出具的一致性检验报告，试验项目符合附录 A.2。

e) 国家标准、行业标准规定的检测报告有效期有差异的，以有效期短的为准；国家标准、行业标准均未明确检测报告有效期的，检测报告有效期按长期有效认定。

3.2.2 质量管理体系

具有健全的质量管理体系，且运行情况良好，查阅管理体系认证书或其他证明材料。

3.3 产品业绩

查阅供货合同及相应的合同销售发票。

a) 合同的供货方为供应商自身。

b) 不予统计的业绩有（不限于此）：

    1) 与同类产品制造厂之间的业绩（2015 年以后国网整站招标的除外）；

    2) 作为元器件、组部件的业绩；

    3) 与经销商、代理商之间的业绩；

    4) 出口业绩；

    5) 用户工程的业绩；

    6) 产品用于试验室或试验站的业绩。

注：设备接入电压等级低于 110（66）kV 的工程或无法明确运行维护管理规定的工程视为用户工程。

4 设计研发能力

4.1 技术来源与支持

有技术合作支持方的查阅技术协作协议，以及设计文件图纸等相关信息。

4.2 设计研发内容

查阅产品、材料的设计、试验、关键工艺技术、质量控制方面的研发情况。

4.3　设计研发人员

查阅设计研发部门的机构设置及人员信息。

4.4　设计研发工具

查验供应商实际研发设计工具。

4.5　获得专利情况

查阅产品相关的已获授权专利证书。

4.6　参与标准制（修）订情况

查阅参与制定并已颁布的标准等证明材料信息。

4.7　产品获奖情况

查阅与产品相关的省部级及以上获奖证书等相关信息。

4.8　商业信誉

查阅企业相关国家、行业或第三方发布的综合实力、品牌等排名。

5　生产制造能力

5.1　※生产厂房

查阅不动产权证书、土地使用权证、房屋产权证、厂房设计图纸、房屋租赁合同、用电客户编号等相关信息。

具有与产品相配套的厂房，厂房为自有或长期租赁，厂房面积符合生产产品的要求。

5.2　生产、技术、质量管理人员

查阅人力资源部门管理文件（如劳动合同、人员花名册、社保证明等），包括生产、技术、质量管理等人员数量。结合现场实际情况，观察现场人员的操作水平。

　　a)　具有生产需要的专职生产人员及技术人员。一线生产人员经培训上岗，操作熟练。

　　b)　具有质量管理组织机构、质量管理部门及人员。

6　数智制造

应用互联网和物联网技术，打造"透明工厂"，生产制造、试验检验、原材料/组部件管理等信息对买方公开，接入国家电网电工装备智慧物联平台。

加强数字基础设施建设，推动数字技术与先进制造技术融合发展。供应商相关业务数据、原材料/组部件检验数据、生产过程检验数据、出厂试验数据、成品信息数据和视频数据等支持自动采集或系统推送。数据接口需保障数据完整性、正确性、安全性，具有可扩展性、通信实时性等。

7　绿色发展

查看供应商资源能源消耗情况、战略体系、绿色认证及其他支撑材料，包括：

　　a)　相关油、水、气、煤及电力、热力等能源消耗，建立能源利用统计报表制度，分析生产经营环节能源利用情况。

　　b)　相关绿色工厂认证、绿色产品标识、绿色供应链管理等相关资质文件。

c) 将绿色发展理念融入战略体系中，并形成明确的绿色发展目标，并制定详实且具有操作性的实施路径。

d) 建立、实施并保持支撑企业绿色低碳发展的绿色管理体系情况，包括但不限于能源管理体系、碳排放管理体系、能源计量管理体系等。

e) 使用无害原材料，禁止使用国家明令禁止的淘汰设备、工艺技术等，并应用国家鼓励的节能设备与先进工艺技术情况。

f) 建立完善的绿色采购管理制度，推广绿色包装材料应用，并建立系统的循环利用体系，实施绿色制造情况。

g) 生产环节的大气污染物排放、水体污染物排放、固体废弃物排放、噪声排放等基础排放符合相关国家标准及地方标准要求情况。

8 售后服务

查阅管理文件、组织机构设置、人员档案及售后服务记录等相关信息。

本文件中所有核实内容都将对供应商参与招投标活动有重要影响，其中标记"※"的内容是以往招标必备项的要求，也是重点核实内容，其他未标记"※"的为一般核实内容。

附 录 A
试 验 项 目 及 依 据

A.1 型式试验

A.1.1 电气性能、环境检验
电气性能、环境检验主要项目包括：

a) 外观检查；

b) 功能试验；

c) 性能试验；

d) 电源影响试验

e) 功率消耗试验；

f) 温度影响试验；

g) 绝缘性能试验；

h) 介质强度试验；

i) 湿热性能试验；

j) 过载能力试验/热稳定性试验（仅相量测量装置—采集器适用）；

k) 机械性能试验；

l) 冲击电压试验；

m) 连续通电试验。

A.1.2 电磁兼容检验
电磁兼容检验主要项目包括：

a) 静电放电抗扰度；

b) 电快速瞬变脉冲群抗扰度；

c) 射频电磁场辐射抗扰度；

d) 浪涌（冲击）抗扰度；

e) 阻尼振荡磁场抗扰度；

f) 工频磁场抗扰度；

g) 电压跌落（电压暂降、短时中断）；

h) 脉冲磁场抗扰度；

i) 振荡波抗扰度；

j) 射频场感应的传导骚扰抗扰度。

A.2 一致性测试

DL/T 860 一致性检验项目包括：

a) 文件和版本控制；

b）　配置文件；

c）　应用关联模型；

d）　数据集模型；

e）　服务器/逻辑设备/逻辑节点/数据模型；

f）　定值组控制模型；

g）　报告模型；

h）　采样值模型；

i）　时间和时间同步模型；

j）　文件传输模型。

GB/T 26865.2 协议测试项目包括：

a）　实时数据传输测试；

b）　离线数据传输测试。

电能量计量采集系统（厂站端）供应商资质能力信息核实规范

目　次

1　范围·· 57
2　规范性引用文件··· 57
3　资质信息··· 57
　　3.1　企业信息·· 57
　　3.2　※报告证书··· 57
　　3.3　产品业绩·· 58
4　设计研发能力··· 58
　　4.1　技术来源与支持·· 58
　　4.2　设计研发内容··· 58
　　4.3　设计研发人员··· 58
　　4.4　设计研发工具··· 58
　　4.5　获得专利情况··· 58
　　4.6　参与标准制（修）订情况·· 58
　　4.7　产品获奖情况··· 58
　　4.8　商业信誉·· 58
5　生产制造能力··· 58
　　5.1　※生产厂房··· 58
　　5.2　※生产工艺··· 59
　　5.3　※生产设备··· 59
　　5.4　生产、技术、质量管理人员·· 59
6　试验检测能力··· 59
　　6.1　试验场所·· 59
　　6.2　※试验检测管理·· 59
　　6.3　试验检测设备··· 59
　　6.4　试验检测人员··· 60
　　6.5　※现场抽样··· 60
7　原材料/组部件管理·· 60
　　7.1　管理规章制度··· 60
　　7.2　委外加工管理控制··· 60
8　数智制造··· 60
9　绿色发展··· 61
10　售后服务及产能·· 61
　　10.1　售后服务·· 61
　　10.2　产能··· 61

电能量计量采集系统（厂站端）
供应商资质能力信息核实规范

1 范围

本文件规定了国家电网有限公司对电能量计量采集系统（厂站端）供应商的资质条件及制造能力信息进行核实的依据。

本文件适用于国家电网有限公司电能量计量采集系统（厂站端）供应商的信息核实工作。

2 规范性引用文件

下列文件中的内容通过文中的规范性引用而构成本文件必不可少的条款。其中，注日期的引用文件，仅该日期对应的版本适用于本文件；不注日期的引用文件，其最新版本（包括所有的修改单）适用于本文件。

DL/T 743   电能量远方终端

Q/GDW 11202.8   智能变电站自动化设备检测规范   第 8 部分：电能量采集终端

3 资质信息

3.1 企业信息

3.1.1 ※基本信息

查阅营业执照。

供应商为中华人民共和国境内依法注册的法人或其他组织。

3.1.2 法定代表人/负责人信息

查阅法定代表人/负责人身份证（或护照）。

3.1.3 财务信息

查阅审计报告、财务报表，其中审计报告为具有资质的第三方机构出具。

3.1.4 资信等级证明

查阅验资报告。

3.2 ※报告证书

3.2.1 检测报告

查阅检测报告、送样样品生产过程记录及其他支撑资料。

a） 检测报告出具机构为国家或国际专业权威机构。

b） 检测报告的委托方和产品制造方是供应商自身。

c) 型式（检验）试验报告符合相应的电力行业标准、国家电网有限公司企业标准和物资采购标准规定的试验项目和试验数值的要求。

d) 当产品设计方案、生产工艺及使用的材料、主要元部件做重要改变时，重新进行相应的型式试验（检验）。

3.2.2 质量管理体系

具有健全的质量管理体系，且运行情况良好，查阅管理体系认证书或其他证明材料。

3.3 产品业绩

查阅供货合同及相应的合同销售发票。

a) 合同的供货方和实际产品的生产方均为供应商自身。

b) 出口业绩提供报关单、出口业绩合同提供中文版本或经公证后的中文译本。

c) 不予统计的业绩有（不限于此）：

1) 与同类产品制造厂之间的业绩；

2) 作为元器件、组部件的业绩；

3) 与经销商、代理商之间的业绩（出口业绩除外）。

4 设计研发能力

4.1 技术来源与支持

查阅技术来源、设计文件图纸（原理图、PCB 文件、材料清单）相关信息。

4.2 设计研发内容

查阅产品的设计、试验、关键工艺技术、质量控制方面的研发情况。

4.3 设计研发人员

查阅设计研发部门的机构设置及人员信息。

4.4 设计研发工具

查验供应商实际研发设计工具。

4.5 获得专利情况

查阅与产品相关已获授权专利证书。

4.6 参与标准制（修）订情况

查阅参与制定并已颁布的标准等证明材料信息。

4.7 产品获奖情况

查阅与产品相关的省部级及以上获奖证书等相关信息。

4.8 商业信誉

查阅企业相关国家、行业或第三方发布的综合实力、品牌等排名。

5 生产制造能力

5.1 ※生产厂房

查阅不动产权证书、土地使用权证、房屋产权证、房屋租赁合同、用电客户编号等相关信息。

具有与产品相配套的厂房，厂房为自有或长期租赁，厂房面积、洁净程度能保证产品生产的需要。

5.2 ※生产工艺

查阅工艺控制文件、管理文件及工艺流程控制记录等相关信息。

a) 具有完整的工艺文件，文件中所依据的标准不低于现行国家标准，各工艺环节中无国家明令禁止的行为，工艺文件具有可操作性，能够有效指导生产。生产现场按照工艺文件执行，能够满足国家电网有限公司对产品的技术要求。

b) 生产工序工艺文件包含以下内容：程序烧录工艺（含参数设置）、整机高温老化工艺、出厂检验工艺、包装工艺。生产现场按照相应的工艺文件严格执行。

c) 具有严格的生产过程工艺控制，查阅供应商近期订单的全过程生产流程控制记录，记录包括以下内容：程序烧录（含参数设置）、整机高温老化、出厂检验、包装、成品出入库。

5.3 ※生产设备

查阅设备的现场实际情况，设备购置合同、购买发票等相关信息。

a) 具有与生产产品相适应的设备，主要生产设备包括线路板功能测试设备、老化室、包装流水线。主要生产设备为自有，不能租用或借用其他公司的设备。

b) 生产设备、工艺装备的种类、数量、准确度等级及相应的检测手段能满足生产工艺和完成过程检验、出厂检验项目的要求。

c) 生产中使用的计量器具及检测设备具备有效期内合格的检定/校准证书或检测报告。

5.4 生产、技术、质量管理人员

查阅人力资源部门管理文件（如劳动合同、人员花名册等），包括生产、技术、质量管理等人员数量，结合现场实际情况，观察现场人员的操作水平。

a) 具有生产需要的专职生产及技术人员，不得借用其他公司的人员。各个生产环节的员工能够熟练操作设备、工装器具，并能得到定期培训。

b) 具有质量管理组织机构、质量管理部门及人员。

6 试验检测能力

6.1 试验场所

查看试验场所现场情况。

具有与试验产品相配套的试验场所，具有主要的除尘及防静电措施，试验场所环境符合试验要求。

6.2 ※试验检测管理

查阅相关的规章制度文件、过程记录及出厂试验报告等相关信息。

具有试验场所管理制度、操作规程、试验标准及完整的试验数据记录。

6.3 试验检测设备

查阅设备的现场实际情况及购买发票等相关信息。

a) 主要的试验设备包括：高低温试验设备、振动试验装置、湿热箱等。

b) 针对每项试验项目，试验中使用的计量器具及检测设备具备有效期内合格的检定/校准证书或检测报告。

6.4 试验检测人员

查阅人力资源部门管理文件（如劳动合同、人员花名册等）。

a) 具有相应数量的试验检测人员，不能借用其他公司的人员。

b) 试验检测人员能熟练操作试验设备和仪器仪表，并掌握试验方法、熟悉产品标准，能熟练和准确判断试验结果是否满足产品标准要求。试验人员具备进行试验的能力。

6.5 ※现场抽样

原则上现场应对与被核实产品相同或相近型式的产品进行抽样检验。样品应在供应商声明的合格产品中抽取，抽样检验项目一般在出厂试验项目中选取。抽样检验重点核实供应商试验方法、试验场地环境、人员操作能力、仪器设备有效性和产品性能等方面。

被核实产品数量满足抽样检测要求（产品不少于 5 只成品），现场随机抽取 2 只产品，依据 DL/T 743 进行绝缘强度、基本功能试验，试验报告具有详细的数据支撑。

7 原材料/组部件管理

7.1 管理规章制度

查阅原材料/组部件（元器件）管理规章制度及执行情况。

元器件包括 RS–485 模块、以太网模块、液晶等。

a) 具有原材料管理制度、原材料进厂检验制度，并严格执行，记录明确。元器件采购、委外加工有严格的质量控制文件（包括元器件质量合同、采购质量控制体系文件等）。

b) 主要元器件的采购、委外加工有供应商筛选制度，与行业内较优秀的供应商建立长期合作关系，并有健全的质量保障制度。

7.2 委外加工管理控制

查看原材料/组部件管理实际执行情况。

委外加工具有相应的管理制度并严格执行，包括供应商筛选制度、委托加工合同、质量管控措施、验收制度及记录等。

8 数智制造

应用互联网和物联网技术，打造"透明工厂"，生产制造、试验检验、原材料/组部件管理等信息对买方公开，接入国家电网电工装备智慧物联平台。

加强数字基础设施建设，推动数字技术与先进制造技术融合发展。供应商相关业务数据、原材料/组部件检验数据、生产过程检验数据、出厂试验数据、成品信息数据和视频数据等支持自动采集或系统推送。数据接口需保障数据完整性、正确性、安全性，具有可扩展性、通信实时性等。

9 绿色发展

查看供应商资源能源消耗情况、战略体系、绿色认证及其他支撑材料，包括：

a) 相关油、水、气、煤及电力、热力等能源消耗，建立能源利用统计报表制度，分析生产经营环节能源利用情况。

b) 相关绿色工厂认证、绿色产品标识、绿色供应链管理等相关资质文件。

c) 将绿色发展理念融入战略体系中，并形成明确的绿色发展目标，制定详实且具有操作性的实施路径。

d) 建立、实施并保持支撑企业绿色低碳发展的绿色管理体系情况，包括但不限于能源管理体系、碳排放管理体系、能源计量管理体系等。

e) 使用无害原材料，禁止使用国家明令禁止的淘汰设备、工艺技术等，并应用国家鼓励的节能设备与先进工艺技术情况。

f) 建立完善的绿色采购管理制度，推广绿色包装材料应用，并建立系统的循环利用体系，实施绿色制造情况。

g) 生产环节的大气污染物排放、水体污染物排放、固体废弃物排放、噪声排放等基础排放符合相关国家标准及地方标准要求情况。

10 售后服务及产能

10.1 售后服务
查阅管理文件、组织机构设置、人员档案及售后服务记录等相关信息。

10.2 产能
产能情况通过现场实际情况及供应商提供的产能计算报告，根据产品生产的瓶颈进行判断。

本文件中所有核实内容都将对供应商参与招投标活动有重要影响，其中标记"※"的内容是以往招标必备项的要求，也是重点核实内容，其他未标记"※"的为一般核实内容。

时间同步装置供应商
资质能力信息核实规范

目　次

1　范围 ·········· 65
2　规范性引用文件 ·········· 65
3　资质信息 ·········· 65
　3.1　企业信息 ·········· 65
　3.2　※报告证书 ·········· 66
　3.3　产品业绩 ·········· 66
4　设计研发能力 ·········· 66
　4.1　技术来源与支持 ·········· 66
　4.2　设计研发内容 ·········· 66
　4.3　设计研发人员 ·········· 66
　4.4　设计研发工具 ·········· 67
　4.5　获得专利情况 ·········· 67
　4.6　参与标准制（修）订情况 ·········· 67
　4.7　产品获奖情况 ·········· 67
　4.8　商业信誉 ·········· 67
5　生产制造能力 ·········· 67
　5.1　※生产厂房 ·········· 67
　5.2　※生产工艺 ·········· 67
　5.3　※生产设备 ·········· 67
　5.4　生产、技术、质量管理人员 ·········· 68
6　试验检测能力 ·········· 68
　6.1　※试验场所 ·········· 68
　6.2　※试验检测管理 ·········· 68
　6.3　※试验检测设备 ·········· 68
　6.4　试验检测人员 ·········· 68
　6.5　※现场抽样 ·········· 68
7　原材料/组部件管理 ·········· 69
　7.1　※管理规章制度 ·········· 69
　7.2　※管理控制情况 ·········· 69
8　数智制造 ·········· 69
9　绿色发展 ·········· 69

10 售后服务及产能 ·· 70

  10.1 售后服务 ··· 70

  10.2 产能 ··· 70

附录 A 试验项目 ··· 71

  A.1 型式试验 ··· 71

  A.2 一致性测试 ·· 71

  A.3 现场抽样检测 ··· 72

时间同步装置供应商资质能力信息核实规范

1 范围

本文件规定了国家电网有限公司对时间同步装置供应商的资质条件及制造能力信息进行核实的依据。

本文件适用于国家电网有限公司时间同步装置供应商的信息核实工作。

2 规范性引用文件

下列文件中的内容通过文中的规范性引用而构成本文件必不可少的条款。其中，注日期的引用文件，仅该日期对应的版本适用于本文件；不注日期的引用文件，其最新版本（包括所有的修改单）适用于本文件。

GB/T 26866　电力系统的时间同步系统检测规范

DL/T 860　电力自动化通信网络和系统

DL/T 1100.1　电力系统的时间同步系统　第 1 部分：技术规范

Q/GDW 11202.5　智能变电站自动化设备检测规范　第 5 部分：时间同步系统

Q/GDW 11539　电力系统时间同步及监测技术规范

3 资质信息

3.1 企业信息

3.1.1 ※基本信息

查阅营业执照。

供应商为中华人民共和国境内依法注册的法人或其他组织。

3.1.2 法定代表人/负责人信息

查阅法定代表人/负责人身份证（或护照）。

3.1.3 财务信息

查阅审计报告、财务报表，其中审计报告为具有资质的第三方机构出具。

3.1.4 资信等级证明

查阅银行或专业评估机构出具的证明。

3.1.5 注册资本和股本结构

查阅验资报告。

3.2 ※报告证书

3.2.1 检测报告

查阅检测报告、送样样品生产过程记录及其他支撑资料。

a) 检测报告出具机构为国家授权的专业检测机构或者国际专业权威机构。

b) 检测报告的委托方和产品制造方是供应商自身。

c) 型式（检验）试验报告符合相应的国家标准、电力行业标准、国家电网有限公司企业标准和物资采购标准规定的试验项目和试验数值的要求，试验项目符合附录 A.1。

d) 具备电力行业检验检测机构依据 DL/T 860.10 出具的一致性检验报告，试验项目符合附录 A.2。

e) 国家标准、行业标准规定的检测报告有效期有差异的，以有效期短的为准；国家标准、行业标准均未明确检测报告有效期的，检测报告有效期按长期有效认定。

f) 产品在设计、材料或制造工艺改变或者产品转厂生产或异地生产时，应重新进行相应的型式试验。

3.2.2 质量管理体系

具有健全的质量管理体系，且运行情况良好，查阅管理体系认证书或其他证明材料。

3.3 产品业绩

查阅供货合同及相应的合同销售发票。

a) 合同的供货方和实际产品的生产方均为供应商自身。

b) 不予统计的业绩有（不限于此）：

1) 与同类产品制造厂之间的业绩（2015 年以后国网整站招标的除外）；

2) 作为元器件、组部件的业绩；

3) 与经销商、代理商之间的业绩；

4) 出口业绩；

5) 用户工程的业绩；

6) 产品用于试验室或试验站的业绩。

注：设备接入电压等级低于 110（66）kV 的工程或无法明确运行维护管理规定的工程视为用户工程。

4 设计研发能力

4.1 技术来源与支持

有技术合作支持方的查阅技术协作协议，以及设计文件图纸等相关信息。

4.2 设计研发内容

查阅产品、材料的设计、试验、关键工艺技术、质量控制方面的研发情况。

4.3 设计研发人员

查阅设计研发部门的机构设置及人员信息。

4.4 设计研发工具

查验供应商实际研发设计工具。

4.5 获得专利情况

查阅产品相关的已获授权专利证书。

4.6 参与标准制（修）订情况

查阅参与制定并已颁布的标准等证明材料信息。

4.7 产品获奖情况

查阅与产品相关的省部级及以上获奖证书等相关信息。

4.8 商业信誉

查阅企业相关国家、行业或第三方发布的综合实力、品牌等排名。

5 生产制造能力

5.1 ※生产厂房

查阅不动产权证书、土地使用权证、房屋产权证、厂房设计图纸、房屋租赁合同、用电客户编号等相关信息。

具有与产品相配套的厂房，厂房为自有或长期租赁，厂房面积、洁净程度符合生产产品的要求。

5.2 ※生产工艺

5.2.1 工艺控制文件

查阅工艺控制文件、管理文件及工艺流程控制记录等相关信息。

各工序的作业指导书、工艺控制文件齐全、统一、规范。其工艺文件中所规定的关键技术要求和技术参数不低于国家标准、电力行业标准、国家电网有限公司企业标准和物资采购标准。各工艺环节中无国家明令禁止的行为。

完整的工艺文件包括产品质量重要度分级、外购外协件清单及检测标准、生产工序流程、过程控制工艺卡、产品质量检验标准、生产操作手册、安装使用说明书等。

5.2.2 关键生产工艺控制

产品工艺技术成熟、稳定。从原材料/组部件到产品入库所规定的每道工序的工艺技术能保证产品生产的需要。生产产品的各个工序按工艺文件执行，现场记录内容规范、详实，并具有可追溯性。现场定置管理，有明显的标识，主要生产设备的操作规程图表上墙。

5.3 ※生产设备

查阅设备的现场实际情况及购买发票等相关信息。

a) 具有与产品生产相适应的设备，主要生产设备不能租用或借用。主要生产设备包含贴片装置、组装生产线等。

b) 生产设备使用正常，计量仪器、仪表具有相应资质单位出具的有效检定证书或校准证书，并在检定合格期内。建立设备管理档案（包括使用说明、台账、保养维护记录等），其维修保养等记录规范、详实，具有可追溯性。

5.4　生产、技术、质量管理人员

查阅人力资源部门管理文件（如劳动合同、人员花名册、社保证明等），包括生产、技术、质量管理等人员数量。结合现场实际情况，观察现场人员的操作水平。

　　a)　具有生产需要的专职生产人员及技术人员。一线生产人员经培训上岗，操作熟练。

　　b)　具有质量管理组织机构、质量管理部门及人员。

6　试验检测能力

6.1　※试验场所

查看试验场所现场情况。

具有与试验产品相配套的试验场所，具有除尘及防静电措施，试验场所环境符合试验要求。

6.2　※试验检测管理

查阅相关的规章制度文件、过程记录及出厂试验报告等相关信息。

具有试验室管理制度、操作规程、试验标准，并在操作过程中严格按照规程执行。

6.3　※试验检测设备

查阅设备的现场实际情况及购买发票等相关信息。

　　a)　设备齐全，符合进行国家标准、电力行业标准、国家电网有限公司企业标准和物资采购标准所规定的逐个试验和抽样试验检测要求，不能委托其他单位进行。主要试验设备包含时间同步测试仪、高频示波器。

　　b)　试验设备使用正常，计量仪器、仪表具有相应资质单位出具的有效检定证书或校准证书，并在检定合格期内。建立设备管理档案（包括使用说明、台账、保养维护记录等），其维修保养等记录规范、详实，具有可追溯性。

6.4　试验检测人员

查阅人力资源部门管理文件（如劳动合同、人员花名册等）、人员资质证书及培训记录。

试验人员能独立完成试验，操作熟练，能理解或掌握相关国家标准、电力行业标准、国家电网有限公司企业标准和物资采购标准的有关规定，并具有一定的试验结果分析能力。试验人员经培训上岗。

6.5　※现场抽样

6.5.1　抽查出厂试验报告

现场至少抽查2份出厂试验报告，报告规范完整、项目齐全。

6.5.2　抽样检测

原则上现场应对与被核实产品相同或相近型式的产品进行抽样检验。样品应在供应商声明的合格产品中抽取，抽样检验项目一般在出厂试验项目中选取。抽样检验重点核实供应商试验方法、试验场地环境、人员操作能力、仪器设备有效性和产品性能等方面。

现场随机抽取2台具有出厂合格证的产品，在附录A.3所列现场抽样检测项目中抽取2项进行试验，检测结果符合对应产品出厂试验报告。

7 原材料/组部件管理

7.1 ※管理规章制度

查阅原材料/组部件管理规章制度。

a) 具有进厂检验制度和原材料/组部件管理制度。

b) 具有主要原材料/组部件供应商筛选制度，外购原材料/组部件生产厂家通过质量管理体系认证。

7.2 ※管理控制情况

查看原材料/组部件管理实际执行情况。

a) 不能采用国家明令禁止的原材料/组部件。

b) 按工艺文件所规定的技术要求和相应管理文件，根据生产计划采购。主要原材料/组部件供应商变更有相应的报告并在相关工艺文件中说明。

c) 按规定进行进厂检验，验收合格后入库。

d) 分类独立存放，物资仓库有足够的存储空间和适宜的环境，实行定置管理，标识清晰、正确、规范、合理。

e) 原材料/组部件管理制度严格执行，且原材料/组部件使用现场记录内容规范、详实，并具有可追溯性。

8 数智制造

应用互联网和物联网技术，打造"透明工厂"，生产制造、试验检验、原材料/组部件管理等信息对买方公开，接入国家电网电工装备智慧物联平台。

加强数字基础设施建设，推动数字技术与先进制造技术融合发展。供应商相关业务数据、原材料/组部件检验数据、生产过程检验数据、出厂试验数据、成品信息数据和视频数据等支持自动采集或系统推送。数据接口需保障数据完整性、正确性、安全性，具有可扩展性、通信实时性等。

9 绿色发展

查看供应商资源能源消耗情况、战略体系、绿色认证及其他支撑材料，包括：

a) 相关油、水、气、煤及电力、热力等能源消耗，建立能源利用统计报表制度，分析生产经营环节能源利用情况。

b) 相关绿色工厂认证、绿色产品标识、绿色供应链管理等相关资质文件。

c) 将绿色发展理念融入战略体系中，并形成明确的绿色发展目标，并制定详实，且具有操作性的实施路径。

d) 建立、实施并保持支撑企业绿色低碳发展的绿色管理体系情况，包括但不限于能源管理体系、碳排放管理体系、能源计量管理体系等。

e) 使用无害原材料，禁止使用国家明令禁止的淘汰设备、工艺技术等，并应用国家鼓励的节能设备与先进工艺技术情况。

f) 建立完善的绿色采购管理制度，推广绿色包装材料应用，并建立系统的循环利用体系，实施绿色制造情况。

g) 生产环节的大气污染物排放、水体污染物排放、固体废弃物排放、噪声排放等基础排放符合相关国家标准及地方标准要求情况。

10 售后服务及产能

10.1 售后服务

查阅管理文件、组织机构设置、人员档案及售后服务记录等相关信息。

a) 具备电力工程经验的人员，能够保证设备在工程现场进行技术支持。

b) 具备提供 24 小时电话服务能力，并具有相应的技术服务团队和备品备件。当运行中的设备出现危及系统安全的故障时，具备在规定时间内到达故障现场处理的能力。

10.2 产能

产能情况通过现场实际情况及供应商提供的产能计算报告，根据产品生产的瓶颈进行判断。

本文件中所有核实内容都将对供应商参与招投标活动有重要影响，其中标记"※"的内容是以往招标必备项的要求，也是重点核实内容，其他未标记"※"的为一般核实内容。

附 录 A

试 验 项 目

A.1 型式试验

A.1.1 电气性能、环境检验

电气性能、环境检验主要项目包括：

a) 外观检查；

b) 功能试验；

c) 性能试验；

d) 电源影响试验；

e) 功率消耗试验；

f) 环境条件影响试验；

g) 绝缘性能试验；

h) 介质强度试验；

i) 湿热性能试验；

j) 冲击电压试验；

k) 机械性能试验；

l) 连续通电试验。

A.1.2 电磁兼容检验

电磁兼容检验主要项目包括：

a) 静电放电抗扰度；

b) 电快速瞬变脉冲群抗扰度；

c) 振荡波抗扰度；

d) 浪涌（冲击）抗扰度；

e) 阻尼振荡磁场抗扰度；

f) 工频磁场抗扰度；

g) 脉冲磁场抗扰度；

h) 射频电磁场辐射抗扰度。

A.2 一致性测试

DL/T 860 一致性检验项目：

a) 文件和版本控制；

b) 配置文件；

c) 应用关联模型；

d) 数据集模型；

e) 服务器/逻辑设备/逻辑节点/数据模型;

f) 定值组控制模型;

g) 报告模型;

h) 采样值模型;

i) 时间和时间同步模型;

j) 文件传输模型。

A.3 现场抽样检测

现场抽样检测项目包括:

a) 外观检查;

b) 基本性能试验(IRIG－B 输出准确度试验、守时试验);

c) 绝缘电阻测试;

d) 连续通电试验。

纵向加密认证装置、专用防火墙、二次系统安全防护设备供应商资质能力信息核实规范

目　次

1 范围 ··· 75
2 规范性引用文件 ··· 75
3 资质信息 ·· 75
　3.1 企业信息 ·· 75
　3.2 ※报告证书 ·· 76
　3.3 产品业绩 ·· 76
4 设计研发能力 ··· 76
　4.1 技术来源与支持 ·· 76
　4.2 设计研发内容 ·· 77
　4.3 设计研发人员 ·· 77
　4.4 设计研发工具 ·· 77
　4.5 获得专利情况 ·· 77
　4.6 参与标准制（修）订情况 ·· 77
　4.7 产品获奖情况 ·· 77
　4.8 商业信誉 ·· 77
5 生产制造能力 ··· 77
　5.1 生产厂房 ·· 77
　5.2 生产、技术、质量管理人员 ······································ 77
6 数智制造 ·· 77
7 绿色发展 ·· 77
8 售后服务 ·· 78
附录 A 试验项目 ·· 79
　A.1 电气性能、环境检验 ·· 79
　A.2 电磁兼容检验 ·· 79

纵向加密认证装置、专用防火墙、二次系统安全防护设备供应商资质能力信息核实规范

1 范围

本文件规定了国家电网有限公司对纵向加密认证装置、专用防火墙、二次系统安全防护设备（网络安全监测装置除外）供应商的资质条件及制造能力信息进行核实的依据。

本文件适用于国家电网有限公司纵向加密认证装置、专用防火墙、二次系统安全防护设备（网络安全监测装置除外）供应商的信息核实工作。

2 规范性引用文件

下列文件中的内容通过文中的规范性引用而构成本文件必不可少的条款。其中，注日期的引用文件，仅该日期对应的版本适用于本文件；不注日期的引用文件，其最新版本（包括所有的修改单）适用于本文件。

GB/T 13729　远动终端设备

GB/T 20272　信息安全技术　操作系统安全技术要求

GB/T 20281　信息安全技术　防火墙技术要求和测试评价方法

GB/T 20945　信息安全技术　信息系统安全审计产品技术要求和测试评价方法

GB/T 22239　信息系统安全等级保护基本要求

DL/T 1241　电力工业以太网交换机技术规范

DL/T 1455　电力系统控制类软件安全性及其测评技术要求

Q/GDW 1429　智能变电站网络交换机技术规范

Q/GDW 10940　防火墙测试要求

Q/GDW 12196　电力自动化系统软件安全检测规范

3 资质信息

3.1 企业信息

3.1.1 ※基本信息

查阅营业执照。

供应商为中华人民共和国境内依法注册的法人或其他组织。

3.1.2 法定代表人/负责人信息

查阅法定代表人/负责人身份证（或护照）。

3.1.3 财务信息

查阅审计报告、财务报表，其中审计报告为具有资质的第三方机构出具。

3.1.4 资信等级证明

查阅银行或专业评估机构出具的证明。

3.1.5 注册资本和股本结构

查阅验资报告。

3.2 ※报告证书

3.2.1 检测报告

查阅检测报告、送样样品生产过程记录及其他支撑资料。

a) 检测报告出具机构为国家授权的专业检测机构或者国际专业权威机构。

b) 专用防火墙、纵向加密认证装置、二次系统安全防护设备的检测报告委托方和产品制造方为原厂商。

c) 型式（检验）试验报告符合相应的国家标准、电力行业标准、国家电网有限公司企业标准和物资采购标准规定的试验项目和试验数值的要求，试验报告项目符合附录 A。

d) 国家标准、行业标准规定的检测报告有效期有差异的，以有效期短的为准；国家标准、行业标准均未明确检测报告有效期的，检测报告有效期按长期有效认定。

e) 列入《网络关键设备和网络安全专用产品目录》中的产品需通过《承担网络关键设备和网络安全专用产品安全认证和安全检测任务机构名录》中规定检测机构的安全检测，密码产品还需通过商密办的安全检测。

3.2.2 质量管理体系

具有健全的质量管理体系，且运行情况良好，查阅管理体系认证书或其他证明材料。

3.3 产品业绩

查阅供货合同及相应的合同销售发票。

a) 合同的供货方为供应商自身。

b) 不予统计的业绩有（不限于此）：

    1) 与同类产品制造厂之间的业绩（2015 年以后国网整站招标的除外）；

    2) 作为元器件、组部件的业绩；

    3) 与经销商、代理商之间的业绩；

    4) 出口业绩；

    5) 用户工程的业绩；

    6) 产品用于试验室或试验站的业绩。

注：设备接入电压等级低于 110（66）kV 的工程或无法明确运行维护管理规定的工程视为用户工程。

4 设计研发能力

4.1 技术来源与支持

有技术合作支持方的查阅技术协作协议，以及设计文件图纸等相关信息。

4.2 设计研发内容

查阅产品、材料的设计、试验、关键工艺技术、质量控制方面的研发情况。

4.3 设计研发人员

查阅设计研发部门的机构设置及人员信息。

4.4 设计研发工具

查验供应商实际研发设计工具。

4.5 获得专利情况

查阅产品相关的已获授权专利证书。

4.6 参与标准制（修）订情况

查阅参与制定并已颁布的标准等证明材料信息。

4.7 产品获奖情况

查阅与产品相关的省部级及以上获奖证书等相关信息。

4.8 商业信誉

查阅企业相关国家、行业或第三方发布的综合实力、品牌等排名。

5 生产制造能力

5.1 生产厂房

查阅不动产权证书、土地使用权证、房屋产权证、厂房设计图纸、房屋租赁合同、用电客户编号等相关信息。

具有与产品相配套的厂房，厂房为自有或长期租赁，厂房面积、洁净程度符合生产产品的要求。

5.2 生产、技术、质量管理人员

查阅人力资源部门管理文件（如劳动合同、人员花名册、社保证明等），包括生产、技术、质量管理等人员数量。结合现场实际情况，观察现场人员的操作水平。

a) 具有生产需要的专职生产人员及技术人员。一线生产人员经培训上岗，操作熟练。

b) 具有质量管理组织机构、质量管理部门及人员。

6 数智制造

应用互联网和物联网技术，打造"透明工厂"，生产制造、试验检验、原材料/组部件管理等信息对买方公开，接入国家电网电工装备智慧物联平台。

加强数字基础设施建设，推动数字技术与先进制造技术融合发展。供应商相关业务数据、原材料/组部件检验数据、生产过程检验数据、出厂试验数据、成品信息数据和视频数据等支持自动采集或系统推送。数据接口需保障数据完整性、正确性、安全性，具有可扩展性、通信实时性等。

7 绿色发展

查看供应商资源能源消耗情况、战略体系、绿色认证及其他支撑材料，包括：

a) 相关油、水、气、煤及电力、热力等能源消耗，建立能源利用统计报表制度，分析生产经营环节能源利用情况。

b) 相关绿色工厂认证、绿色产品标识、绿色供应链管理等相关资质文件。

c) 将绿色发展理念融入战略体系中，并形成明确的绿色发展目标，并制定详实，且具有操作性的实施路径。

d) 建立、实施并保持支撑企业绿色低碳发展的绿色管理体系情况，包括但不限于能源管理体系、碳排放管理体系、能源计量管理体系等。

e) 使用无害原材料，禁止使用国家明令禁止的淘汰设备、工艺技术等，并应用国家鼓励的节能设备与先进工艺技术情况。

f) 建立完善的绿色采购管理制度，推广绿色包装材料应用，并建立系统的循环利用体系，实施绿色制造情况。

g) 生产环节的大气污染物排放、水体污染物排放、固体废弃物排放、噪声排放等基础排放符合相关国家标准及地方标准要求情况。

8　售后服务

查阅管理文件、组织机构设置、人员档案及售后服务记录等相关信息。

本文件中所有核实内容都将对供应商参与招投标活动有重要影响，其中标记"※"的内容是以往招标必备项的要求，也是重点核实内容，其他未标记"※"的为一般核实内容。

附 录 A
试 验 项 目

A.1 电气性能、环境检验

电气性能、环境检验主要项目包括：

a) 外观检查；

b) 数据传输功能试验；

c) 数据传输性能试验；

d) 电源影响试验；

e) 功率消耗试验；

f) 环境条件影响试验；

g) 绝缘性能试验；

h) 介质强度试验；

i) 湿热性能试验；

j) 冲击电压试验；

k) 机械性能试验；

l) 连续通电试验（可选）。

A.2 电磁兼容检验

电磁兼容检验主要项目包括：

a) 静电放电抗扰度；

b) 电快速瞬变脉冲群抗扰度；

c) 射频电磁场辐射抗扰度；

d) 浪涌（冲击）抗扰度；

e) 阻尼振荡磁场抗扰度；

f) 工频磁场抗扰度；

g) 电压跌落（电压暂降、短时中断）；

h) 脉冲磁场抗扰度；

i) 振荡波抗扰度；

j) 射频场感应的传导骚扰抗扰度。

智能巡检控制系统供应商资质能力信息核实规范

目　　次

1　范围 ··· 82
2　规范性引用文件 ··· 82
3　资质信息 ·· 82
　3.1　企业信息 ·· 82
　3.2　报告证书 ·· 82
　3.3　产品业绩 ·· 83
4　设计研发能力 ··· 83
　4.1　技术来源与支持 ·· 83
　4.2　设计研发内容 ·· 83
　4.3　设计研发人员 ·· 83
　4.4　设计研发工具 ·· 83
　4.5　获得专利情况 ·· 83
　4.6　参与标准制（修）订情况 ·· 83
　4.7　产品获奖情况 ·· 83
　4.8　商业信誉 ·· 83
5　生产制造 ·· 83
　5.1　※生产场地 ·· 83
　5.2　生产、技术、质量管理人员 ······································ 83
6　试验检测 ·· 84
　6.1　试验场所 ·· 84
　6.2　试验检测管理 ·· 84
　6.3　试验检测设备 ·· 84
7　原材料/组部件管理 ·· 84
　7.1　管理规章制度 ·· 84
　7.2　管理控制情况 ·· 84
8　数智制造 ·· 85
9　绿色发展 ·· 85
10　售后服务 ··· 85
附录A　试验项目 ··· 86

智能巡检控制系统供应商资质能力信息核实规范

1 范围

本文件规定了国家电网有限公司对智能巡检控制系统供应商资质能力信息进行核实的依据。

本文件适用于国家电网有限公司对智能巡检控制系统供应商的信息核实工作。

2 规范性引用文件

下列文件中的内容通过文中的规范性引用而构成本文件必不可少的条款。其中，注日期的引用文件，仅该日期对应的版本适用于本文件；不注日期的引用文件，其最新版本（包括所有的修改单）适用于本文件。

Q/GDW 12164—2021 变电站远程智能巡视系统技术规范

3 资质信息

3.1 企业信息

3.1.1 ※基本信息

查阅营业执照。

供应商为中华人民共和国境内依法注册的法人或其他组织。

3.1.2 法定代表人/负责人信息

查阅法定代表人/负责人身份证（或护照）。

3.1.3 财务信息

查阅审计报告、财务报表，其中审计报告为具有资质的第三方机构出具。

3.1.4 资信等级证明

查阅银行或专业评估机构出具的证明。

3.1.5 注册资本和股本结构

查阅验资报告。

3.2 报告证书

3.2.1 检测报告

查阅检测报告、送样样品生产过程记录及其他支撑资料。

a） 检测报告出具机构为具有相应资质的第三方检测机构。

b） 检测报告的委托方是供应商自身。

c） 检测报告符合相应的国家电网有限公司企业标准和物资采购标准规定的试验项

目和试验数值的要求，试验项目符合附录 A。

3.2.2 ※质量管理体系

具有健全的质量管理体系，且运行情况良好，查阅管理体系认证书或其他证明材料。

3.3 产品业绩

查阅供货合同及相应的合同销售发票。

a) 合同的供货方和实际产品的生产方均为供应商自身。

b) 不予统计的业绩有（不限于此）：

    1) 与同类产品制造厂之间的业绩；

    2) 产品在试验室或试验站的业绩；

    3) 作为元器件、组部件的业绩；

    4) 供应商与代理商、经销商之间的业绩。

4 设计研发能力

4.1 技术来源与支持

有技术合作支持方的查阅技术协作协议，以及设计文件图纸等相关信息。

4.2 设计研发内容

查阅产品、材料的设计、试验、关键工艺技术、质量控制方面的研发情况。

4.3 设计研发人员

查阅设计研发部门的机构设置及人员信息。

4.4 设计研发工具

查验供应商实际研发设计工具。

4.5 获得专利情况

查阅产品相关的已获授权专利证书。

4.6 参与标准制（修）订情况

查阅参与制定并已颁布的标准等证明材料信息。

4.7 产品获奖情况

查阅与产品相关的省部级及以上获奖证书等相关信息。

4.8 商业信誉

查阅企业相关国家、行业或第三方发布的综合实力、品牌等排名。

5 生产制造

5.1 ※生产场地

查阅不动产权证书、土地使用权证、房屋产权证、场地租用合同及发票等相关信息。

具有与产品相配套的厂房，厂房为自有或长期租赁，厂房面积、洁净程度符合生产产品的要求。

5.2 生产、技术、质量管理人员

查阅人力资源部门管理文件（如劳动合同、人员花名册、社保证明等），包括生产、

技术、质量管理等人员数量。结合现场实际情况，观察现场人员的操作水平。

a) 具有生产需要的专职生产人员及技术人员。一线生产人员经培训上岗，操作熟练。

b) 具有质量管理组织机构、质量管理部门及人员。

6 试验检测

6.1 试验场所

查看试验场所现场情况。

具有与试验产品相配套的试验场所，试验场所环境符合试验要求。

6.2 试验检测管理

查阅相关的规章制度文件、过程记录及出厂试验记录等相关信息。

具有试验室管理制度、操作规程、试验标准，并在操作过程中严格按照规程执行。

6.3 试验检测设备

查阅设备的现场实际情况及购买发票等相关信息。

a) 设备齐全，符合进行国家电网有限公司企业标准和物资采购标准所规定的逐个试验和抽样试验检测要求，不能委托其他单位进行。主要试验设备包括高温箱、低温箱、恒定湿热箱等。

b) 试验设备使用正常，计量仪器、仪表具有相应资质单位出具的有效检定证书或校准证书，并在检定合格期内。建立设备管理档案（包括使用说明、台账、保养维护记录等），其维修保养等记录规范、详实，具有可追溯性。

7 原材料/组部件管理

7.1 管理规章制度

查阅原材料/组部件管理规章制度。

a) 具有进厂检验制度和原材料/组部件管理制度。

b) 具有主要原材料/组部件供应商筛选制度，外购原材料/组部件生产厂家通过质量管理体系认证。

7.2 管理控制情况

查看原材料/组部件管理实际执行情况。

a) 不能采用国家明令禁止的原材料/组部件。

b) 按工艺文件所规定的技术要求和相应管理文件，根据生产计划采购。主要原材料/组部件供应商变更有相应的报告并在相关工艺文件中说明。

c) 按规定进行进厂检验，验收合格后入库。

d) 分类独立存放，物资仓库有足够的存储空间和适宜的环境，实行定置管理，标识清晰、正确、规范、合理。

e) 原材料/组部件管理制度严格执行，且原材料/组部件使用现场记录内容规范、详实，并具有可追溯性。

8 数智制造

应用互联网和物联网技术，打造"透明工厂"，生产制造、试验检验、原材料/组部件管理等信息对买方公开，接入国家电网电工装备智慧物联平台。

加强数字基础设施建设，推动数字技术与先进制造技术融合发展。供应商相关业务数据、原材料/组部件检验数据、生产过程检验数据、出厂试验数据、成品信息数据和视频数据等支持自动采集或系统推送。数据接口需保障数据完整性、正确性、安全性，具有可扩展性、通信实时性等。

9 绿色发展

查看供应商资源能源消耗情况、战略体系、绿色认证及其他支撑材料，包括：
a) 相关油、水、气、煤及电力、热力等能源消耗，建立能源利用统计报表制度，分析生产经营环节能源利用情况。
b) 相关绿色工厂认证、绿色产品标识、绿色供应链管理等相关资质文件。
c) 将绿色发展理念融入战略体系中，并形成明确的绿色发展目标，并制定详实，且具有操作性的实施路径。
d) 建立、实施并保持支撑企业绿色低碳发展的绿色管理体系情况，包括但不限于能源管理体系、碳排放管理体系、能源计量管理体系等。
e) 使用无害原材料，禁止使用国家明令禁止的淘汰设备、工艺技术等，并应用国家鼓励的节能设备与先进工艺技术情况。
f) 建立完善的绿色采购管理制度，推广绿色包装材料应用，并建立系统的循环利用体系，实施绿色制造情况。
g) 生产环节的大气污染物排放、水体污染物排放、固体废弃物排放、噪声排放等基础排放符合相关国家标准及地方标准要求情况。

10 售后服务

查阅管理文件、组织机构设置、人员档案及售后服务记录等相关信息。

本文件中所有核实内容都将对供应商参与招投标活动有重要影响，其中标记"※"的内容是以往招标必备项的要求，也是重点核实内容，其他未标记"※"的为一般核实内容。

附 录 A
试 验 项 目

智能巡检控制系统检测报告试验项目主要包括：

a） 主机硬件配置；

b） 巡视数据格式；

c） 系统功能；

d） 性能测试；

e） 系统接口协议一致性；

f） 电气安全；

g） 环境影响；

h） 机械性能；

i） 电磁兼容；

j） 信息安全。

变电站智能巡检机器人
供应商资质能力信息核实规范

目　　次

1　范围 …………………………………………………………………… 89

2　规范性引用文件 ……………………………………………………… 89

3　资质信息 ……………………………………………………………… 89

　3.1　基本信息 ………………………………………………………… 89

　3.2　报告证书 ………………………………………………………… 89

　3.3　供货业绩 ………………………………………………………… 90

　3.4　※人员构成 ……………………………………………………… 90

4　※设计研发 …………………………………………………………… 90

5　生产制造 ……………………………………………………………… 91

　5.1　※生产场地 ……………………………………………………… 91

　5.2　生产工艺 ………………………………………………………… 91

　5.3　※生产设备 ……………………………………………………… 91

　5.4　主要组部件情况 ………………………………………………… 91

6　试验检测能力 ………………………………………………………… 91

　6.1　※调试试验场所 ………………………………………………… 92

　6.2　试验检测管理 …………………………………………………… 92

　6.3　试验检测设备 …………………………………………………… 92

7　原材料/组部件管理 …………………………………………………… 92

　7.1　管理规章制度 …………………………………………………… 92

　7.2　原材料/组部件管理情况 ………………………………………… 92

8　数智制造 ……………………………………………………………… 92

9　绿色发展 ……………………………………………………………… 93

10　售后服务 …………………………………………………………… 93

附录A　检测项目 ……………………………………………………… 94

　A.1　性能检测报告项目 ……………………………………………… 94

　A.2　电池性能试验报告项目 ………………………………………… 94

　A.3　电磁兼容性测试报告项目 ……………………………………… 94

　A.4　环境适应性测试报告项目 ……………………………………… 94

附录B　主要生产设备 ………………………………………………… 95

附录C　主要试验检测设备 …………………………………………… 96

附录D　出厂试验项目 ………………………………………………… 97

变电站智能巡检机器人供应商资质能力信息核实规范

1 范围

本文件规定了国家电网有限公司对变电站智能巡检机器人产品供应商资质能力信息进行核实的依据。

本文件适用于国家电网有限公司特指轮式具备导航功能的机器人产品供应商的信息核实工作。包括：

a) 单站型变电站智能巡检机器人；

b) 集中型变电站智能巡检机器人。

2 规范性引用文件

下列文件中的内容通过文中的规范性引用而构成本文件必不可少的条款。其中，注日期的引用文件，仅该日期对应的版本适用于本文件；不注日期的引用文件，其最新版本（包括所有的修改单）适用于本文件。

Q/GDW 11514—2016 变电站智能机器人巡检系统检测规范

3 资质信息

3.1 基本信息

3.1.1 ※企业基本信息

查阅营业执照。

供应商为中华人民共和国境内依法注册的法人或其他组织。

3.1.2 法定代表人信息

查阅法定代表人身份证（或护照）。

3.1.3 财务信息

查阅近3年审计报告、财务报表，其中审计报告为具有资质的第三方机构出具。

3.2 报告证书

3.2.1 ※试验报告

查阅试验报告、送样样品生产过程记录及其他支撑资料。报告需符合以下要求：

a) 具有有效的第三方专业检测机构出具的变电站智能巡检机器人电池性能试验报告、电磁兼容性测试报告、环境适应性测试报告、IP防护等级测试报告；具有变电站智能巡检机器人性能检测报告，检测依据和检测项目符合《变电站智能机器人巡检系统检测规范》Q/GDW 11514—2016的要求，且检测结果合格。

b) 除电池性能试验报告外，其他报告的委托方和产品制造方是供应商自身。

c) 检测产品类型与被核实的产品相一致。

d) 产品的检测报告符合相应的国家标准、行业标准、国家电网有限公司物资采购标准规定的试验项目和试验数值的要求，试验报告项目详见附录 A。

3.2.2 网络性能

查阅机器人接入变电站内网的成功案例、用户证明及第三方权威机构的设备测试报告等网络性能应用支撑材料。

机器人具有专用集成接入安全代理模块（内嵌安全芯片），并通过微型安全接入平台（符合国密《SSLVPN 技术规范》要求，支持国密 SM1、SM2、SM3、SM4 密码算法）将机器人接入变电站内网。

3.2.3 质量管理体系

具有健全的质量管理体系，且运行情况良好，查阅管理体系认证书或其他证明材料。

3.3 供货业绩

查阅供货合同、发票、验收报告。

a) 合同的供货方为供应商自身。

b) 提供的产品业绩合同为国内变电站应用业绩合同。

c) 提供的产品合同业绩为整台销售业绩。

d) 具有变电站智能巡检机器人应用验收报告；其中国网系统 2013 年后总部集采中标的智能机器人需有省级电力公司出具的变电站智能巡检机器人验收报告。

e) 供货业绩是指供应商与最终用户的供货业绩，不予统计的业绩有（不限于此）：

    1) 与同类产品制造厂之间的业绩；

    2) 产品在试验室或试验站的业绩；

    3) 作为元器件、组部件的业绩；

    4) 供应商与代理商、经销商之间的业绩。

3.4 ※人员构成

查阅人力资源部门管理文件（如劳动合同、人员花名册、社保、培训记录、职称证书等），核实管理人员、设计研发人员、生产制造人员、试验检验人员、售后服务人员等。

a) 员工与供应商签订劳动合同，具有社保证明，不可借用其他公司的人员。

b) 中、高级职称人员具有中、高级职称证书。

c) 供应商组织员工定期培训，并且对培训记录进行存档管理。

4 ※设计研发

查阅产品设计图纸、科技成果、知识产权、标准编制等取得和参与情况，查阅资料，核实生产研发情况。

※供应商具备自主设计研发能力和自主知识产权：

a) 具有变电站智能巡检机器人相关软件著作权。

b) 具有变电站智能巡检机器人相关发明专利。

c) 具有变电站智能巡检机器人成套设计图纸。

其中，软件著作权需提供中华人民共和国国家版权局颁发的在有效期内的证书，证书同变电站智能巡检机器人相关；发明专利需提供中华人民共和国国家知识产权局颁发的在有效期内的证书，证书同变电站智能巡检机器人相关。

5 生产制造

5.1 ※生产场地

查阅不动产权证书、土地使用权证、房屋产权证、厂房设计图纸、房屋租赁合同、用电客户编号等相关信息。

具有与产品相配套的场地（包括专用生产组装场地、原材料存放场地、试验调试场地等），生产场地为自有或长期租赁。

5.2 生产工艺

查阅原材料/组部件生产、检测工艺控制文件及工艺流程控制记录等相关信息。主要设备均有操作规程，且操作规程内容具有可操作性。

5.2.1 工艺控制文件

各工序的作业指导书、工艺控制文件应需齐全、统一、规范。各工艺环节中无国家明令禁止的行为。

5.2.2 关键生产工艺控制

从原材料/组部件到产品入库所规定的每道工序的工艺技术能保证产品生产的需要。生产产品的各个工序按工艺文件执行，现场记录内容规范、详实，并具有可追溯性。现场有明显的标识牌，有生产设备的操作规程。具有自行生产、组装、试验、调试能力。

5.3 ※生产设备

查阅设备的现场实际情况及购买合同发票等相关信息。

a) 具有与产品生产相适应的设备（详见附录B）。设备需自有，不得借用、租用其他公司的设备。

b) 自主研制的工装设备需提供设计图纸、委外加工协议等支撑材料。

c) 设备使用正常，设备上的计量仪器仪表具有检定报告，并在检定合格期内。

5.4 主要组部件情况

查阅产品主要组部件合作商的采购合同或协议等相关信息，如自行开发或生产需提供相关证明材料。

变电站智能巡检机器人主要部件包括：红外热像仪、可见光摄像头、声音采集系统、云台、电池、驱动电机、无线传输通信设备等。

6 试验检测能力

原则上现场应对与被核实产品相同或相近型式的产品进行抽样检验。样品应在供应商声明的合格产品中抽取，抽样检验项目一般在出厂试验项目中选取。抽样检验重点核

实供应商试验方法、试验场地环境、人员操作能力、仪器设备有效性和产品性能等方面。

6.1 ※调试试验场所

查看试验调试场所现场情况，查阅土地使用权证、房屋产权证、场地租用合同及发票等相关信息。

试验调试场所尺寸要符合产品试验的要求。

6.2 试验检测管理

查阅相关的规章制度文件、过程记录及出厂试验记录等相关信息。

具有试验室管理制度、操作规程、试验标准，并在操作过程中严格按照规程执行。

6.3 试验检测设备

查阅设备的现场实际情况及购买合同发票等相关信息。

a) 具有全部出厂试验项目所需的设备（详见附录C），具备全部出厂试验项目的测试能力。不能租用、借用其他公司的设备，或委托其他单位进行出厂试验。

b) 自主研制的试验设备需提供设计图纸、委外加工协议等支撑材料。

c) 设备使用正常，具有检定报告，并在检定合格期内。强检计量仪器、设备具有相应资格单位出具的有效检定证书。

7 原材料/组部件管理

7.1 管理规章制度

查阅管理规章制度。

具有进厂检验制度及其他原材料/组部件管理制度。

具有主要原材料/组部件供应商筛选制度。

7.2 原材料/组部件管理情况

查看原材料/组部件管理实际执行情况。

a) 按工艺文件所规定的技术要求和相应管理文件，根据生产计划采购。主要原材料/组部件供应商变更有相应的报告并在相关工艺文件中说明。

b) 按规定进行进厂检验，验收合格后入库。

c) 分类独立存放，物资仓库有足够的存储空间和适宜的环境，实行定置管理，标识清晰、正确、规范、合理。

d) 原材料/组部件使用现场记录内容规范、详实，并具有可追溯性。

8 数智制造

应用互联网和物联网技术，打造"透明工厂"，生产制造、试验检验、原材料/组部件管理等信息对买方公开，接入国家电网电工装备智慧物联平台。

加强数字基础设施建设，推动数字技术与先进制造技术融合发展。供应商相关业务数据、原材料/组部件检验数据、生产过程检验数据、出厂试验数据、成品信息数据和视频数据等支持自动采集或系统推送。数据接口需保障数据完整性、正确性、安全性，具有可扩展性、通信实时性等。

9 绿色发展

查看供应商资源能源消耗情况、战略体系、绿色认证及其他支撑材料，包括：

a) 相关油、水、气、煤及电力、热力等能源消耗，建立能源利用统计报表制度，分析生产经营环节能源利用情况。

b) 相关绿色工厂认证、绿色产品标识、绿色供应链管理等相关资质文件。

c) 将绿色发展理念融入战略体系中，并形成明确的绿色发展目标，制定详实且具有操作性的实施路径。

d) 建立、实施并保持支撑企业绿色低碳发展的绿色管理体系情况，包括但不限于能源管理体系、碳排放管理体系、能源计量管理体系等。

e) 使用无害原材料，禁止使用国家明令禁止的淘汰设备、工艺技术等，并应用国家鼓励的节能设备与先进工艺技术情况。

f) 建立完善的绿色采购管理制度，推广绿色包装材料应用，并建立系统的循环利用体系，实施绿色制造情况。

g) 生产环节的大气污染物排放、水体污染物排放、固体废弃物排放、噪声排放等基础排放符合相关国家标准及地方标准要求情况。

10 售后服务

查阅供应商对业主的培训地点、培训课程和教材、教具、培训教员等基本情况。查阅对应型号机器人的运维保养手册及保养档案记录。核实供应商的维修能力、对应型号机器人的备品备件库和按期提供备品备件的方式及能力。查阅对应型号机器人的典型故障案例及故障处理措施。

本文件中所有核实内容都将对供应商参与招投标活动有重要影响，其中标记"※"的内容是以往招标必备项的要求，也是重点核实内容，其他未标记"※"的为一般核实内容。

附 录 A
检 测 项 目

A.1 性能检测报告项目

基本性能（外观质量、可见光及红外质量、运动功能、自主充电功能、对讲喊话、巡检方式设置和切换、自检功能、智能报警功能）、巡检能力（模拟区域表计和分合指示识别准确度、红外测温准确度）、监控后台软件功能等。

A.2 电池性能试验报告项目

充放电次数、不同温度下（−30℃～＋60℃）放电特性试验、安全试验等。

A.3 电磁兼容性测试报告项目

静电放电抗扰度、射频电磁场抗扰度、工频磁场抗扰度等。

A.4 环境适应性测试报告项目

低温工作、高温工作、交变湿热工作等。

附 录 B

主 要 生 产 设 备

主要本体结构生成设备包括：

a） 车床；

b） 台钻。

附 录 C
主 要 试 验 检 测 设 备

主要试验检测设备包括：

a) 拉力机；

b) 硬度计；

c) 测厚仪；

d) 色差仪；

e) 环境试验箱；

f) 振动台。

附 录 D
出 厂 试 验 项 目

出厂试验项目包括：

a） 运动系统试验；

b） 云台性能试验；

c） 自动导航性能试验；

d） 通信性能试验；

e） 整机防护性能试验；

f） 可靠性试验；

g） 集控后台系统软件测试。

大屏幕供应商资质能力
信息核实规范

目　　次

1　范围 ……………………………………………………………………………… 101
2　规范性引用文件 ………………………………………………………………… 101
3　资质信息 ………………………………………………………………………… 101
　3.1　基本信息 ………………………………………………………………………… 101
　3.2　报告证书 ………………………………………………………………………… 102
　3.3　供货业绩 ………………………………………………………………………… 102
4　设计研发能力 …………………………………………………………………… 102
　4.1　技术来源与支持 ………………………………………………………………… 102
　4.2　获得专利情况 …………………………………………………………………… 103
　4.3　参与标准制（修）订情况 ……………………………………………………… 103
　4.4　产品获奖情况 …………………………………………………………………… 103
　4.5　高新企业（创新企业）资质情况 ……………………………………………… 103
5　生产制造 ………………………………………………………………………… 103
　5.1　※生产场地 ……………………………………………………………………… 103
　5.2　生产工艺 ………………………………………………………………………… 103
　5.3　※生产设备 ……………………………………………………………………… 103
　5.4　人员构成 ………………………………………………………………………… 103
6　试验检测 ………………………………………………………………………… 104
　6.1　试验调试场所 …………………………………………………………………… 104
　6.2　试验检测管理 …………………………………………………………………… 104
　6.3　※试验检测设备 ………………………………………………………………… 104
　6.4　※现场抽样 ……………………………………………………………………… 104
7　原材料/组部件管理 …………………………………………………………… 104
　7.1　管理规章制度 …………………………………………………………………… 104
　7.2　原材料/组部件管理情况 ……………………………………………………… 104
　7.3　主要组部件情况 ………………………………………………………………… 105
8　数智制造 ………………………………………………………………………… 105
9　绿色发展 ………………………………………………………………………… 105
10　售后服务及产能 ……………………………………………………………… 105
附录 A　检验项目 ………………………………………………………………… 107
　A.1　LED 大屏幕 …………………………………………………………………… 107

A.2 超窄边液晶拼接大屏幕 ·· 107

A.3 背投拼接大屏幕 ·· 107

附录 B 主要生产设备 ·· 109

附录 C 出厂试验项目 ·· 110

C.1 光学性能测试 ·· 110

C.2 系统接口测试 ·· 110

C.3 系统电性能检测 ·· 110

C.4 结构性能 ·· 110

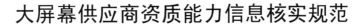

大屏幕供应商资质能力信息核实规范

1 范围

本文件规定了国家电网有限公司对大屏幕产品供应商的资质条件及制造能力信息进行核实的依据。

本文件适用于国家电网公司大屏幕产品供应商的核实工作。包括：

a) LED 大屏幕；

b) 超窄边液晶拼接大屏幕；

c) 背投拼接大屏幕。

2 规范性引用文件

下列文件中的内容通过文中的规范性引用而构成本文件必不可少的条款。其中，注日期的引用文件，仅该日期对应的版本适用于本文件；不注日期的引用文件，其最新版本（包括所有的修改单）适用于本文件。

GB 50464—2008 视频显示系统工程技术规范

CVIALP ILSD01—2008 大屏幕拼接显示墙技术规范及测量方法

SJ/T 11281—2017 发光二极管（LED）显示屏测试方法

SJ/T 11141—2017 发光二极管（LED）显示屏通用规范

T/SLDA 01—2020 Mini LED 商用显示屏通用技术规范

3 资质信息

3.1 基本信息

※3.1.1 企业基本信息

查阅营业执照。

供应商为中华人民共和国境内依法注册的法人或其他组织。

3.1.2 法定代表人/负责人信息

查阅法定代表人/负责人身份证（或护照）。

3.1.3 财务信息

查阅审计报告、财务报表，其中审计报告为具有资质的第三方机构出具。

3.1.4 资信等级证明

查阅银行或专业评估机构出具的证明。

3.1.5 注册资本和股本结构

查阅验资报告。

3.2 报告证书

※3.2.1 检验报告

查阅检验报告。

a) 检验报告符合相应的国家标准、行业标准规定的检验项目的要求（检验项目见附录A），检验报告出具机构须为国家授权的专业检测机构或者国际专业权威机构，其中必备检验项目的检验报告应具有 CNAS 或 CMA 标志。

b) 检验报告的委托单位应是供应商自身。

c) 检验报告必须在有效期内，若报告无有效期，则认定为长期有效。

d) 检验报告均系针对具体型号产品。

※3.2.2 产品认证

大屏幕拼接显示单元、图像处理器应具有中国国家强制性产品认证证书（3C 认证证书），且在有效期内。大屏幕拼接显示单元 3C 认证证书生产者（制造商）应为供应商自身。

3.2.3 质量管理体系

具有健全的质量管理体系，且运行情况良好，查阅管理体系认证书或其他证明材料。

3.3 供货业绩

查阅供货合同及相应的发票，若合同信息无法反映具体产品信息（背投拼接大屏幕的光源类型、LED 大屏幕的封装类型等）、拼接规模等信息，需要附上技术协议/技术规范书/检测报告等证明材料。

a) 合同的供货方、发票出具方均为被核实供应商自身。

b) 供货合同与发票中载明的产品信息一致，供货数量以发票与合同中的较小值为准。

c) 提供的产品业绩合同应为国内业绩合同。

d) 不统计的业绩有（不限于此）：

　　1) 作为元器件、组部件的业绩。

　　2) 证明材料无法确认供货业绩要求的所有要素的。

e) 业绩统计范围要求：

　　1) LED 大屏幕:每套拼接规模不少于 $10m^2$，点距 2mm 及以下规格全彩屏。

　　2) 超窄边液晶拼接大屏幕：每套不少于 12 台超窄边液晶显示拼屏，每台超窄边液晶显示拼屏不小于 46 英寸。

　　3) 背投拼接大屏幕：每套拼屏不少于 16 台拼接显示单元。

4 设计研发能力

4.1 技术来源与支持

查阅技术来源、设计文件图纸（原理图、材料清单）相关信息。

4.2 获得专利情况

查阅与产品相关的发明专利、实用新型专利。

4.3 参与标准制（修）订情况

查阅参与制定并已颁布的国家标准、行业标准等证明材料信息。

4.4 产品获奖情况

查阅产品获奖证书等相关信息。

4.5 高新企业（创新企业）资质情况

查阅企业资质证书。

5 生产制造

5.1 ※生产场地

查阅不动产权证书、土地使用权证、房屋产权证、厂房设计图纸、房屋租赁合同、用电客户编号等相关信息。

应具有与产品相配套的场地（包括专用生产组装场地、原材料存放场地、试验场地、调试场地等），厂房若为租用，则需有长期租用合同（租赁合同不短于1年）。厂房面积、生产环境和工艺布局应满足生产需要，若生产背投拼接大屏幕，应具备独立、封闭的屏幕加工车间。

5.2 生产工艺

5.2.1 工艺控制文件

各工序的作业指导书、工艺控制文件应齐全、统一、规范。各工艺环节中无国家明令禁止的行为。

5.2.2 关键生产工艺控制

产品工艺从原材料/组部件进厂检验、生产装配、出厂检验到产品入库所规定的每道工序的工艺技术能保证产品生产的需要。生产产品的各个工序应按工艺文件执行，现场记录内容规范、详实，并具有可追溯性。现场定置管理，有明显的标识牌。

5.3 ※生产设备

查阅设备的现场实际情况及购买发票等相关信息。

具有与产品生产相适应的设备，工装设备必须自有，不得借用、租用其他公司的工装设备，各类产品必备的生产设备见附录B。

自主研制的工装设备应提供设计图纸、委外加工协议等支撑材料。

设备使用正常。

5.4 人员构成

查阅人力资源部门管理文件（如劳动合同、人员花名册、社保、培训记录、职称证书等），包括管理人员、设计研发人员、生产制造人员、试验检验人员、工程施工人员、售后服务人员等人员信息。员工应与供应商签订劳动合同，具有社保证明，不可借用其他公司的人员。

6 试验检测

6.1 试验调试场所

查看试验调试场所现场情况。

具有与核实产品相配套的试验场所，试验场所环境满足试验要求。

6.2 试验检测管理

查阅相关的规章制度文件、过程记录及出厂试验记录等相关信息。

应具有试验室管理制度、操作规程、试验标准，并在操作过程中严格按照规程执行。

6.3 ※试验检测设备

查阅设备的现场实际情况及购买发票等相关信息。

具有满足全部出厂试验项目的测试能力，不能租用、借用其他公司的设备，或委托其他单位进行出厂试验。试验设备至少包括：亮度计（光度计）、色彩分析仪、耐压测试仪、示波器、温湿度计、视频信号发生器等。

自主研制的试验设备应提供设计图纸、委外加工协议等支撑材料。

设备使用正常，具有检定报告，并在检定合格期内。强检计量仪器、设备具有相应资格单位出具的有效检定证书。

6.4 ※现场抽样

原则上现场应对与被核实产品相同或相近型式的产品进行抽样检验。样品应在供应商声明的合格产品中抽取，抽样检验项目一般在出厂试验项目中选取。抽样检验重点核实供应商试验方法、试验场地环境、人员操作能力、仪器设备有效性和产品性能等方面。

a) 现场抽查至少 2 份出厂试验报告，报告应规范完整、项目齐全，检测结果应满足相关标准要求。

b) 现场抽检被核实产品的 2 项出厂试验项目，试验设备、试验方法及检测结果应满足相关标准要求，所有试验项目应一次性通过。出厂试验项目见附录 C。

7 原材料/组部件管理

7.1 管理规章制度

查阅原材料/组部件管理规章制度。

具有进厂检验制度及其他原材料/组部件管理制度。

具有主要原材料/组部件供应商筛选制度，外购原材料/组部件生产厂家应通过质量管理体系认证。

7.2 原材料/组部件管理情况

查看原材料/组部件管理实际执行情况。

设计采用的原材料/组部件不能有国家明令禁止的。

按规定进行进厂检验，验收合格后入库。

分类独立存放，物资仓库有足够的存储空间和适宜的环境，实行定置管理，标识清晰、正确、规范、合理。

原材料/组部件使用现场记录内容规范、详实，并具有可追溯性。

7.3 主要组部件情况

查阅产品主要组部件合作商的采购合同或协议等相关信息，如自行开发或生产应提供相关证明材料。

a) LED 大屏幕拼接显示单元主要部件包括：LED 灯、电源、主控板等。

b) 超窄边液晶拼接大屏幕主要部件包括：A 级（A-Grade）液晶面板、主控板等。

c) 背投拼接大屏幕主要部件包括：光机引擎、屏幕、接口板等。

d) 图像处理器。

8 数智制造

应用互联网和物联网技术，打造"透明工厂"，生产制造、试验检验、原材料/组部件管理等信息对买方公开，接入国家电网电工装备智慧物联平台。

加强数字基础设施建设，推动数字技术与先进制造技术融合发展。供应商相关业务数据、原材料/组部件检验数据、生产过程检验数据、出厂试验数据、成品信息数据和视频数据等支持自动采集或系统推送。数据接口需保障数据完整性、正确性、安全性，具有可扩展性、通信实时性等。

9 绿色发展

查看供应商资源能源消耗情况、战略体系、绿色认证及其他支撑材料，包括：

a) 相关油、水、气、煤及电力、热力等能源消耗，建立能源利用统计报表制度，分析生产经营环节能源利用情况。

b) 相关绿色工厂认证、绿色产品标识、绿色供应链管理等相关资质文件。

c) 将绿色发展理念融入战略体系中，并形成明确的绿色发展目标，制定详实且具有操作性的实施路径。

d) 建立、实施并保持支撑企业绿色低碳发展的绿色管理体系情况，包括但不限于能源管理体系、碳排放管理体系、能源计量管理体系等。

e) 使用无害原材料，禁止使用国家明令禁止的淘汰设备、工艺技术等，并应用国家鼓励的节能设备与先进工艺技术情况。

f) 建立完善的绿色采购管理制度，推广绿色包装材料应用，并建立系统的循环利用体系，实施绿色制造情况。

g) 生产环节的大气污染物排放、水体污染物排放、固体废弃物排放、噪声排放等基础排放符合相关国家标准及地方标准要求情况。

10 售后服务及产能

查阅管理文件、组织机构设置、人员档案及售后服务记录等相关信息。

产能情况通过现场实际情况及供应商提供的产能计算报告，根据产品生产的瓶颈进行判断。

本文件中所有核实内容都将对供应商参与招投标活动有重要影响，其中标记"※"的内容是以往招标必备项的要求，也是重点核实内容，其他未标记"※"的为一般核实内容。

附　录　A
检　验　项　目

以下标记"※"的检验项目属于必备项目。

A.1　LED 大屏幕

a）※像素点间距；

b）※可视角（水平、垂直）；

c）※整屏亮度；

d）※对比度；

e）※亮度均匀性；

f）※LED 封装；

g）运行温度；

h）运行湿度；

i）刷新频率；

j）色温；

k）　平均无故障时间（MTBF）。

A.2　超窄边液晶拼接大屏幕

a）※物理拼缝；

b）※分辨率；

c）※亮度；

d）※可视角（水平/垂直）；

e）※对比度；

f）※响应时间；

g）显示色彩；

h）运行温度；

i）运行湿度；

j）寿命。

A.3　背投拼接大屏幕

a）※分辨率；

b）※投影机亮度；

c）※对比度；

d）※可视角（水平/垂直）；

e）※物理拼缝；

f）※光源；

g）屏幕增益；

h）亮度均匀性；

i）平均无故障时间（MTBF）；

j）几何失真；

k）系统工作噪声；

l）防尘；

m）运行温度；

n）运行湿度。

附　录　B
主　要　生　产　设　备

以下标记※的为必备的生产设备：

a）　LED 大屏幕生产设备至少应具备：焊接设备、※装配生产线、烧录器；

b）　超窄边液晶拼接大屏幕生产设备至少应具备：※装配生产线、烧录器；

c）　背投拼接大屏幕生产设备至少应具备：※雕刻机、台钻、※温湿度控制设备、
　　　※屏幕裁切设备、烧录器。

附 录 C
出 厂 试 验 项 目

C.1 光学性能测试

a) 显示屏图像清晰度（分辨率）；

b) 显示屏亮度（LED、超窄边液晶）；

c) 投影机亮度（背投）；

d) 显示屏对比度；

e) 视角；

f) 均匀性（亮度、色度）；

g) 灰度等级；

h) 刷新频率。

C.2 系统接口测试

C.3 系统电性能检测

a) 安规测试（接地电阻、泄漏电流、耐压）；

b) 像素失控率（LED）。

C.4 结构性能

a) 平整度；

b) 像素中心距偏差（LED）。

电话及电视会议系统供应商
资质能力信息核实规范

目　　次

1 范围 ·· 113

2 规范性引用文件 ·· 113

3 资质信息 ·· 114

  3.1 企业信息 ··· 114

  3.2 报告证书 ··· 114

  3.3 产品业绩 ··· 115

4 设计研发能力 ·· 115

  4.1 技术来源与支持 ·· 115

  4.2 设计研发内容 ·· 115

  4.3 设计研发人员 ·· 115

  4.4 设计研发工具 ·· 115

  4.5 软件管理能力 ·· 115

  4.6 获得专利情况 ·· 115

  4.7 参与标准制（修）订情况 ··· 115

  4.8 产品获奖情况 ·· 115

  4.9 参与的重大项目 ·· 115

  4.10 商业信誉 ·· 115

5 生产制造能力 ·· 116

  5.1 生产厂房 ··· 116

  5.2 生产工艺 ··· 116

  5.3 生产设备 ··· 116

  5.4 生产、技术、质量管理人员 ·· 116

6 原材料/组部件管理 ··· 117

  6.1 管理规章制度 ·· 117

  6.2 管理控制情况 ·· 117

7 数智制造 ·· 117

8 绿色发展 ·· 117

9 售后服务及产能 ··· 118

附录 A 试验项目 ·· 119

  A.1 电视会议终端设备检验报告试验项目 ···································· 119

  A.2 电视会议外围成套设备检测报告试验项目 ······························ 119

  A.3 软件视频会议系统检测报告试验项目 ···································· 119

电话及电视会议系统供应商资质能力信息核实规范

1 范围

本文件是国家电网有限公司对电话及电视会议系统产品供应商的资质条件及制造能力信息进行核实工作的依据。

本文件适用于国家电网有限公司电话及电视会议系统产品供应商的信息核实工作。包括：

a) 电视会议终端设备；

b) 电视会议外围成套设备；

c) 软件视频会议系统。

2 规范性引用文件

下列文件中的内容通过文中的规范性引用而构成本文件必不可少的条款。其中，注日期的引用文件，仅该日期对应的版本适用于本文件；不注日期的引用文件，其最新版本（包括所有的修改单）适用于本文件。

GB/T 14197 音频、视频和视听系统互连的优选配接值

GB/T 15839 64～1920kbit/s 会议电视系统进网技术要求

GB/T 16858 采用数据链路协议的会议电视远端摄像机控制规程

GB/T 21640 基于 IP 网络的视讯会议系统设备互通技术要求

GB/T 21642.3 基于 IP 网络的视讯会议系统设备技术要求 第 3 部分：多点控制单元（MCU）

GB/T 28499.1 基于 IP 网络的视讯会议终端设备技术要求 第 1 部分：基于 ITU-T H.323 协议的终端

YD/T 1924 基于 SIP 协议的 IP 用户终端设备技术要求

YD/T 4050 绿色设计产品评价技术规范 视频会议设备

YD/T 5032 会议电视系统工程设计规范

YD/T 5033 会议电视系统工程验收规范

Q/GDW 11543 会议电视系统技术规范

Q/GDW 11544 会议电视系统运行维护规程

Q/GDW 11346 电视会议系统多点控制单元 MCU 及终端测试规范

国家电网企管〔2015〕1246 号 国家电网公司电视电话会议管理办法

3 资质信息

3.1 企业信息

3.1.1 ※基本信息

查阅营业执照。

供应商为中华人民共和国境内依法注册的法人或其他组织。

3.1.2 法定代表人/负责人信息

查阅法定代表人/负责人身份证（或护照）。

3.1.3 财务信息

查阅审计报告、财务报表，其中审计报告为具有资质的第三方机构出具。

3.1.4 资信等级证明

查阅银行或专业评估机构出具的证明。

3.1.5 注册资本和股本结构

查阅验资报告。

3.2 报告证书

3.2.1 ※检测报告

查阅检测报告及其他支撑资料。

 a） 检测报告出具机构为国家授权的专业检测机构［具有计量认证合格证书（CMA）或中国合格评定委员会颁发的 CNAS 实验室认可证书］。

 b） 检测报告的委托方和产品制造方是供应商自身，检验产品型号及规格与被核实的产品相一致。

 c） 检测报告符合相应的国家标准、行业标准规定的检测项目和试验数值的要求，检测报告项目详见附录 A。

 d） 相同型号的产品，当产品设计、工艺、生产条件或所使用的材料、主要元部件做重要改变时或者产品转厂生产或异地生产时，应重新进行相应的型式试验。

 e） 国家标准、行业标准规定的检验报告有效期有差异的，以有效期短的为准；国家标准、行业标准均未明确检验报告有效期的，检验报告有效期按长期有效认定。

 f） 外文报告提供经公证的中文译本。

3.2.2 信息系统集成认证

查阅信息系统集成证书。

供应商具有"信息系统集成及服务资质证书"或"信息系统建设和服务能力等级证书"。资质证书在有效期内。

3.2.3 ※质量管理体系

具有健全的质量管理体系，且运行情况良好，查阅管理体系认证书或其他证明材料。

3.2.4 电信设备进网许可证

查阅电视会议终端设备和多点控制单元（MCU）产品制造商的电信设备进网许可证。

电信设备进网许可证为中华人民共和国工业和信息化部出具的有效资质证件，且在有效期内。

3.3 产品业绩

查阅供货合同及相应的销售发票。

a) 合同的供货方和实际产品的生产方均为供应商自身。

b) 出口产品业绩提供报关单。

c) 不予统计的业绩有（不限于此）：

    1) 同类产品供应商之间的业绩；

    2) 出口业绩的外贸合同、发票、报关单及对应产品型号等信息资料难以核实或不全的；

    3) 作为元器件、组部件的业绩；

    4) 供应商与代理商之间的供货业绩；

    5) 在试验室或试验站的业绩。

4 设计研发能力

4.1 技术来源与支持

查阅自主研发资料、与合作支持方的协议及设计文件图纸等相关信息。

4.2 设计研发内容

查阅产品研发的设计、试验、关键工艺技术、质量控制方面的情况。

4.3 设计研发人员

查阅设计研发部门的机构设置及人员信息。

4.4 设计研发工具

查阅实际研发设计工具等相关信息。

4.5 软件管理能力

查阅供应商提供的软件版本规章制度文件、软件版本迭代过程记录。

4.6 获得专利情况

查阅与产品相关的已获授权专利证书。

4.7 参与标准制（修）订情况

查阅主持或参与制（修）订并已发布的标准及相关证明材料信息。

4.8 产品获奖情况

查阅与产品相关的省部级及以上获奖证书的相关信息。

4.9 参与的重大项目

查阅有关证明供应商参与重大项目的资料信息。

4.10 商业信誉

查阅企业相关国家、行业或第三方发布的综合实力、品牌等排名。

5 生产制造能力

5.1 生产厂房

查阅不动产权证书、土地使用权证、房屋产权证、厂房设计图纸、用电客户编号等相关信息。

具有与产品生产相配套的厂房，厂房若为租用，则提供长期租用合同及相应证明文件等。其厂房面积、生产环境和工艺布局满足生产需要。从原材料/组部件存放、生产装配、检验到产品入库的每道工序场地合理布局，满足工艺文件规定，能保证被核实产品的生产。

5.2 生产工艺

查阅工艺控制文件、管理文件及工艺流程控制记录等相关信息。

工艺控制文件、管理文件及工艺流程控制记录等符合相应的国家标准、行业标准要求。

5.2.1 工艺控制文件

主要生产工艺文件，依据的技术标准正确，各工序控制参数满足相应的标准、工艺要求。作业指导书齐全且具有可操作性。工艺管理制度健全。各工艺环节中无国家明令禁止的行为。

5.2.2 关键生产工艺控制

产品工艺技术成熟、稳定，现场可见被核实产品或同类产品生产过程。从原材料/组部件到产品入库所规定的每道工序的工艺技术能保证产品生产的需要。生产产品的各个工序按工艺文件执行，现场记录内容规范、详实，并具有可追溯性。现场定置管理，有明显的标识牌，主要生产设备的操作规程图表上墙。

5.3 生产设备

查阅设备的现场实际情况、采购合同及购买发票等相关信息。

a) 具有与产品生产相适应的设备，设备自有，不能租用或借用。

b) 设备使用正常，设备上的仪器仪表具有合格的检定或校准证书，并在有效期内。建立设备管理档案（包括使用说明、台账、保养维护记录等），其维修保养等记录规范、详实，具有可追溯性。

5.4 生产、技术、质量管理人员

查阅人力资源部门管理文件（如人员社保信息、劳动合同、人员花名册等），包括生产、技术、质量管理等人员数量，结合现场实际情况，观察现场人员的操作水平。

a) 具有满足生产需要的元器件检验、产品检验、关键工艺控制和过程检验的专职工作人员，含中高级职称的技术人员，不得借用其他公司的。一线生产人员经培训上岗，操作熟练。

b) 具有质量管理组织机构、质量管理部门及人员，质检人员持质检员培训证书上岗。

6 原材料/组部件管理

6.1 管理规章制度

查阅原材料/组部件管理规章制度。

a) 具有严格的原材料及外购件管理制度。

b) 具有原材料供应商的评价制度。

c) 具有原材料进厂检验制度，并严格执行。

6.2 管理控制情况

查看原材料/组部件管理实际执行情况。

a) 按工艺文件所规定的技术要求和相应管理文件，根据生产计划采购。主要原材料/组部件供应商变更有相应的报告并在相关工艺文件中说明。

b) 按规定对关键核心组部件［电视会议终端设备、多点控制单元（MCU）、显示设备、调音设备］进行进厂检验，验收合格后入库。可以采用抽检或普检的检验方式进行，包括配套件的出厂检验单及入厂的验收报告，复验记录完整、准确，并具有可追溯性。

c) 分类独立存放，物资仓库有足够的存储空间和适宜的环境，实行定置管理，标识清晰、正确、规范、合理。

d) 原材料/组部件使用现场记录内容规范、详实，并具有可追溯性。

7 数智制造

基于新一代信息技术、数字技术和先进制造技术，贯穿于设计、生产、管理、服务等制造活动各个环节，具有自感知、自决策、自执行、自适应、自学习等特征，旨在提高制造业质量、效益和核心竞争力的先进生产方式。

8 绿色发展

查看供应商资源能源消耗情况、战略体系、绿色认证及其他支撑材料，包括：

a) 相关油、水、气、煤及电力、热力等能源消耗，建立能源利用统计报表制度，分析生产经营环节能源利用情况。

b) 相关绿色工厂认证、绿色产品标识、绿色供应链管理等相关资质文件。

c) 将绿色发展理念融入战略体系中，并形成明确的绿色发展目标，制定详实且具有操作性的实施路径。

d) 建立、实施并保持支撑企业绿色低碳发展的绿色管理体系情况，包括但不限于能源管理体系、碳排放管理体系、能源计量管理体系等。

e) 使用无害原材料，禁止使用国家明令禁止的淘汰设备、工艺技术等，并应用国家鼓励的节能设备与先进工艺技术情况。

f) 建立完善的绿色采购管理制度，推广绿色包装材料应用，并建立系统的循环利

用体系，实施绿色制造情况。

g） 生产环节的大气污染物排放、水体污染物排放、固体废弃物排放、噪声排放等基础排放符合相关国家标准及地方标准要求情况。

9 售后服务及产能

查阅管理文件、组织机构设置、人员档案及售后服务记录等相关信息。

产能情况通过现场实际情况及供应商提供的产能计算报告，根据产品生产的瓶颈进行判断。

本文件中所有核实内容都将对供应商参与招投标活动有重要影响，其中标记"※"的内容是以往招标必备项的要求，也是重点核实内容，其他未标记"※"的为一般核实内容。

附　录　A
试　验　项　目

A.1　电视会议终端设备检验报告试验项目

终端设备性能测试（功能测试、协议测试）。

A.2　电视会议外围成套设备检测报告试验项目

a)　多点控制单元（MCU）设备性能测试（可靠性测试）；

b)　视频分辨率；

c)　变焦倍数测试；

d)　声音质量测试（增益、噪声）。

A.3　软件视频会议系统检测报告试验项目

会议控制功能测试。

电源系统供应商资质能力
信息核实规范

目　次

1　范围 ………………………………………………………………………… 123

2　规范性引用文件 …………………………………………………………… 123

3　资质信息 …………………………………………………………………… 124

  3.1　企业信息 ……………………………………………………………… 124

  3.2　报告证书 ……………………………………………………………… 125

  3.3　产品业绩 ……………………………………………………………… 125

4　设计研发能力 ……………………………………………………………… 126

  4.1　技术来源与支持 ……………………………………………………… 126

  4.2　设计研发内容 ………………………………………………………… 126

  4.3　设计研发人员 ………………………………………………………… 126

  4.4　设计研发工具 ………………………………………………………… 126

  4.5　获得专利情况 ………………………………………………………… 126

  4.6　参与标准制（修）订情况 …………………………………………… 126

  4.7　产品获奖情况 ………………………………………………………… 126

  4.8　商业信誉 ……………………………………………………………… 126

5　生产制造能力 ……………………………………………………………… 126

  5.1　※生产厂房 …………………………………………………………… 126

  5.2　生产工艺 ……………………………………………………………… 126

  5.3　※生产设备 …………………………………………………………… 127

  5.4　生产、技术、质量管理人员 ………………………………………… 127

6　试验检测能力 ……………………………………………………………… 127

  6.1　※试验场所 …………………………………………………………… 127

  6.2　试验检测管理 ………………………………………………………… 127

  6.3　※试验检测设备 ……………………………………………………… 127

  6.4　※试验检测人员 ……………………………………………………… 127

  6.5　现场抽样 ……………………………………………………………… 128

7　原材料/组部件管理 ……………………………………………………… 128

  7.1　管理规章制度 ………………………………………………………… 128

  7.2　管理控制情况 ………………………………………………………… 128

  7.3　现场抽查原材料/组部件 …………………………………………… 128

8　数智制造 …………………………………………………………………… 128

9　绿色发展·· 129

10　售后服务及产能·· 129

附录 A　检测报告试验项目··· 130

　　A.1　UPS 电源（不间断电源）试验项目·················· 130

　　A.2　充电屏试验项目·· 131

　　A.3　馈电屏试验项目·· 132

　　A.4　逆变电源试验项目··· 132

　　A.5　试验电源屏试验项目·· 133

　　A.6　一体化电源系统、一体化（智能）电源系统试验项目··· 134

　　A.7　直流电源系统试验项目····································· 136

　　A.8　蓄电池组试验项目··· 139

附录 B　主要生产设备··· 140

附录 C　主要试验设备··· 141

附录 D　出厂试验项目··· 142

　　D.1　UPS 电源（不间断电源）································· 142

　　D.2　充电屏·· 142

　　D.3　馈电屏·· 143

　　D.4　逆变电源·· 143

　　D.5　试验电源屏··· 143

　　D.6　一体化电源系统、一体化（智能）电源系统········· 144

　　D.7　直流电源系统·· 144

　　D.8　蓄电池组··· 145

电源系统供应商资质能力信息核实规范

1 范围

本文件规定了国家电网有限公司对电源系统产品供应商的资质条件及制造能力进行核实及判断的依据，供应商应满足本部分的要求，还应符合国家现行的有关标准的规定。

本文件适用于国家电网有限公司电源系统产品供应商的核实工作。包括：

a) UPS 电源（不间断电源）；

b) 充电屏；

c) 馈电屏；

d) 逆变电源；

e) 试验电源屏；

f) 一体化电源系统；

g) 一体化（智能）电源系统；

h) 直流电源系统；

i) 蓄电池组。

2 规范性引用文件

下列文件中的内容通过文中的规范性引用而构成本文件必不可少的条款。其中，注日期的引用文件，仅该日期对应的版本适用于本文件；不注日期的引用文件，其最新版本（包括所有的修改单）适用于本文件。

GB 998　低压电器基本试验方法

GB/T 3859.1　半导体变流器　通用要求和电网换相变流器　第 1-1 部分：基本要求规范

GB 4208　外壳防护等级（IP 代码）

GB/T 7260　不间断电源设备

GB/T 7261　继电保护和安全自动装置基本试验方法

GB 14048.2　低压开关设备和控制设备　第 2 部分：断路器

GB/T 14715　信息技术设备用不间断电源通用规范

GB/T 17478　低压直流电源设备的性能特性

GB/T 17626.2　电磁兼容　试验和测量技术　静电放电抗扰度试验

GB 50169　电气装置安装工程　接地装置施工及验收规范

GB 50171 电气装置安装工程 盘、柜及二次回路接线施工及验收规范

GB/T 17626.3 电磁兼容 试验和测量技术 射频电磁场辐射抗扰度试验

GB/T 17626.4 电磁兼容 试验和测量技术 电快速瞬变脉冲群抗扰度试验

GB/T 17626.5 电磁兼容 试验和测量技术 浪涌（冲击）抗干扰度试验

GB/T 17626.6 电磁兼容 试验和测量技术 射频场感应的传导骚扰抗扰度试验

GB/T 17626.8 电磁兼容 试验和测量技术 工频磁场抗扰度试验

GB/T 17626.10 电磁兼容 试验和测量技术 阻尼振荡磁场抗扰度试验

GB/T 17626.12 电磁兼容 试验和测量技术 振铃波抗扰度试验

GB/T 17626.18 电磁兼容 试验和测量技术 阻尼振荡波抗扰度试验

GB/T 19638.1 固定型阀控式铅酸蓄电池 第 1 部分：技术条件

GB/T 19638.2 固定型阀控式铅酸蓄电池 第 2 部分：产品品种和规格

GB/T 19826 电力工程直流电源设备通用技术条件及安全要求

GB/T 50063 电力装置电测量仪表设计规范

GB/T 5585.1 电工用铜、铝及其合金母线 第 1 部分：铜和铜合金母线

DL/T 459 电力用直流电源设备

DL/T 637 电力用固定型阀控式铅酸蓄电池

DL/T 720 电力系统继电保护及安全自动装置柜（屏）通用技术条件

DL/T 781 电力用高频开关整流模块

DL/T 856 电力用直流电源和一体化电源监控装置

DL/T 857 发电厂、变电所蓄电池用整流逆变设备技术条件

DL/T 860.10 电力自动化通信网络和系统 第 10 部分：一致性测试

DL/T 860.81 电力自动化通信网络和系统 第 8-1 部分：特定通信服务映射（SCSM）-映 MMS（ISO 9506-1 和 ISO 9506-2）及 ISO/IEC 8802-3

DL/T 1074 电力用直流和交流一体化不间断电源设备

DL/T 1392 直流电源系统绝缘监测装置技术条件

DL/T 5044 电力工程直流电源系统设计技术规程

DL/T 5136 火力发电厂、变电所二次接线设计技术规程

DL/T 5137 电测量及电能计量装置设计技术规程

DL/T 5155 220kV～1000kV 变电站站用电设计技术规程

DL/T 5218 220kV～750kV 变电站设计技术规程

DL/T 5491 电力工程交流不间断电源系统设计技术规程

Q/GDW 576 站用交直流一体化电源系统技术规范

3 资质信息

3.1 企业信息

3.1.1 ※基本信息

查阅企业营业执照。

供应商为中华人民共和国境内依法注册的法人或其他组织。

3.1.2 法定代表人信息/负责人信息

查阅法定代表人/负责人身份证（或护照）。

3.1.3 财务信息

查阅审计报告、财务报表，其中审计报告为具有资质的第三方机构出具。

3.1.4 资信等级证明

查阅银行或专业评估机构出具的证明。

3.1.5 注册资本和股本结构

查阅验资报告。

3.2 报告证书

3.2.1 ※检测报告

查阅检测报告、送样样品生产过程记录及其他支撑资料。

a) 检测报告出具机构为国家授权的专业检测机构或者国际专业权威机构。境内检测机构具有计量认证证书（CMA）及中国合格评定国家认可委员会颁发的实验室认可证书（CNAS），且证书附表检测范围涵盖所核实产品。

b) 检测报告的委托方和产品制造方是供应商自身。

c) 检测产品类型与被核实的产品一致。

d) 产品的检测报告符合相应的国家标准、行业标准、国家电网有限公司物资采购标准规定的试验项目和试验数值的要求，试验报告项目详见附录A。

e) 若一体化电源系统、直流电源系统本体检验报告中包含了配套高频开关电源整流模块检测报告的全部项目，并满足检验要求，可不提供配套的高频开关电源整流模块检测报告；若不满足，则需要提供配套高频开关电源整流模块检测报告。其委托方和制造方可以为相应的高频开关电源整流模块制造厂家。

f) 当产品在设计、材料或制造工艺改变或产品转厂生产或异地生产时，重新进行相应的试验。

g) 检测试验报告的有效期按国家标准、行业标准规定执行，没有明确规定的按检测报告规定的有效期执行，未标明有效期的按长期有效。

h) 外文报告提供经公证的中文译本。

3.2.2 ※质量管理体系

具有健全的质量管理体系，且运行情况良好，查阅管理体系认证书或其他证明材料。

3.3 产品业绩

查阅供货合同及相应的销售发票。

a) 合同的供货方和实际产品的生产方均为供应商自身。

b) 出口业绩提供报关单，出口业绩合同提供中文版本或经公证后的中文译本。

c) 不予统计的业绩有（不限于此）：

    1) 与同类产品制造厂之间的业绩；

2） 产品用于试验室或试验站使用的业绩；

3） 作为元器件、组部件的业绩；

4） 出口业绩的外贸合同、发票、报关单及对应产品型号等信息资料难以核实或不全的。

4 设计研发能力

4.1 技术来源与支持

查阅与合作支持方的协议及设计文件图纸等相关信息。

4.2 设计研发内容

查阅产品研发的设计、试验、关键工艺技术、质量控制方面的情况。

4.3 设计研发人员

查阅设计研发部门的机构设置及人员信息。

4.4 设计研发工具

查阅实际研发设计工具等相关信息。

4.5 获得专利情况

查阅与产品相关的专利证书。

4.6 参与标准制（修）订情况

查阅主持或参与制（修）订并已发布的标准及相关证明材料信息。

4.7 产品获奖情况

查阅与产品相关的省部级及以上获奖证书的相关信息。

4.8 商业信誉

查阅企业相关国家、行业或第三方发布的综合实力、品牌等排名。

5 生产制造能力

5.1 ※生产厂房

查阅不动产权证书、土地使用权证、房屋产权证、厂房设计图纸、房屋租赁合同、用电客户编号等相关信息。

具有与产品生产相配套的厂房，厂房若为租用，则提供长期租用合同、租赁方的土地使用权证、房屋产权证复印件或扫描件。厂房面积、洁净程度要能满足生产需要。

5.2 生产工艺

查阅供应商提供的工艺控制文件、管理体系文件及工艺流程控制记录等相关信息。

5.2.1 工艺控制文件

各工序的作业指导书、工艺控制文件齐全、统一、规范，并与现行的生产工艺一致。工艺文件中所规定的关键技术要求和技术参数不低于国家标准、电力行业标准、国家电网有限公司物资采购标准。各工艺环节中无国家明令禁止的行为。

5.2.2 ※关键生产工艺控制

产品工艺技术成熟、稳定，现场可见被核实产品或同类产品生产过程。从原材料/组部件到产品入库所规定的每道工序的工艺技术能保证产品生产的需要。生产产品的各个工序按工艺文件执行，现场记录内容规范、详实，并具有可追溯性。现场定置管理且有明显的标识牌，主要生产设备的操作规程图表上墙。

5.3 ※生产设备

查阅设备的现场实际情况及购买合同、发票等相关信息。

具有与产品生产相适应的设备，设备自有，不能租用。主要生产设备见附录 B。

设备使用正常，设备上的计量仪器仪表具有合格的检定或校准证书，并在有效期内。

5.4 生产、技术、质量管理人员

查阅人力资源部门管理文件（如劳动合同、人员花名册、人员薪酬发放记录、社保缴纳记录等），包括生产、技术、质量管理等人员数量，观察现场人员的操作水平或结合现场实际情况和生产流程控制记录进行判断。

a) 具有生产需要的专职生产人员及技术人员。一线生产人员经培训上岗，操作熟练。

b) 具有质量管理组织机构、质量管理部门及人员。

6 试验检测能力

6.1 ※试验场所

查看试验场所现场情况。

具有与核实产品相配套的独立试验场所，与生产场所相对隔离，有明显警示标志，试验场所的面积及环境满足试验要求。

6.2 试验检测管理

查阅相关的规章制度文件、过程记录及出厂试验报告等相关信息。

具有试验室管理制度、操作规程、试验标准，并在操作过程中严格按照规程执行。

6.3 ※试验检测设备

查阅设备的现场实际情况及购买发票、检定证书等相关信息。

a) 具有满足全部出厂试验项目的试验检测设备，不能租用、借用其他公司的设备或委托其他单位进行出厂试验。主要试验检测设备见附录 C。

b) 设备使用正常，监视检测计量仪器、试验检测设备具有合格的检定证书或有效的校准证书，并在有效期内。

6.4 ※试验检测人员

查阅人力资源部门管理文件（如劳动合同、人员花名册、人员薪酬发放记录、社保缴纳记录等）、人员资质证书及培训记录。

试验人员能独立完成入厂、过程及出厂检验，操作熟练，能理解或掌握相关国家标准、电力行业标准和国家电网有限公司物资采购标准的有关规定，并具有一定的试验结果分析能力。试验人员至少有 2 人，经过考核培训持证上岗。

6.5 现场抽样

6.5.1 抽查出厂试验报告

现场随机抽查至少 2 份被核实产品的出厂试验报告及对应的试验原始记录，查看内容是否规范完整、项目齐全。出厂试验项目见附录 D。

6.5.2 ※抽样检测

原则上现场应对与被核实产品相同或相近型式的产品进行抽样检验。样品应在供应商声明的合格产品中抽取，抽样检验项目一般在出厂试验项目中选取。抽样检验重点核实供应商试验方法、试验场地环境、人员操作能力、仪器设备有效性和产品性能等方面。

在已具备出厂条件的产品中抽取相同电压等级相近型式产品，选取出厂试验项目中的 2 个项目，依据现行国家标准、行业标准进行试验，抽样检测试验应一次通过。

7 原材料/组部件管理

7.1 管理规章制度

查阅原材料/组部件管理规章制度。

a) 具有进厂检验制度或标准，具有原材料/组部件管理制度；

b) 具有主要原材料/组部件供应商筛选制度，外购主要原材料/组部件生产厂家通过质量管理体系认证。

7.2 管理控制情况

查看原材料/组部件管理实际执行情况。

a) 设计选用的原材料/组部件满足国家或行业标准要求。不能采用国家明令禁止的原材料/组部件。

b) 按工艺文件所规定的技术要求和相应管理文件，根据生产计划采购，有原材料/组部件供应商的评估筛选记录。主要原材料/组部件供应商变更有相应的报告并在相关工艺文件中说明。

c) 按规定进行进厂检验，验收合格后入库，检测记录完整详实，并具有可追溯性。

d) 物资仓库有足够的存储空间和适宜的环境，实行定置管理，分类独立存放，标识清晰、正确、规范、合理。

e) 原材料/组部件使用现场记录内容规范、详实，并具有可追溯性。

7.3 现场抽查原材料/组部件

a) 查验原材料/组部件管理规程、设计图纸、采购合同等相关信息。

b) 现场随机抽查 2 种关键的原材料/组部件，查看关键原材料/组部件的采购合同、出厂检测报告、组部件供应商资质文件、入厂检测记录、组部件管理文件等是否齐全，并查看关键原材料/组部件的存放环境。

8 数智制造

应用互联网和物联网技术，打造"透明工厂"，生产制造、试验检验、原材料/组部件管理等信息对买方公开，接入国家电网电工装备智慧物联平台。

加强数字基础设施建设，推动数字技术与先进制造技术融合发展。供应商相关业务数据、原材料/组部件检验数据、生产过程检验数据、出厂试验数据、成品信息数据和视频数据等支持自动采集或系统推送。数据接口需保障数据完整性、正确性、安全性，具有可扩展性、通信实时性等。

9 绿色发展

查看供应商资源能源消耗情况、战略体系、绿色认证及其他支撑材料，包括：

a) 相关油、水、气、煤及电力、热力等能源消耗，建立能源利用统计报表制度，分析生产经营环节能源利用情况。

b) 相关绿色工厂认证、绿色产品标识、绿色供应链管理等相关资质文件。

c) 将绿色发展理念融入战略体系中，并形成明确的绿色发展目标，制定详实且具有操作性的实施路径。

d) 建立、实施并保持支撑企业绿色低碳发展的绿色管理体系情况，包括但不限于能源管理体系、碳排放管理体系、能源计量管理体系等。

e) 使用无害原材料，禁止使用国家明令禁止的淘汰设备、工艺技术等，并应用国家鼓励的节能设备与先进工艺技术情况。

f) 建立完善的绿色采购管理制度，推广绿色包装材料应用，并建立系统的循环利用体系，实施绿色制造情况。

g) 生产环节的大气污染物排放、水体污染物排放、固体废弃物排放、噪声排放等基础排放符合相关国家标准及地方标准要求情况。

10 售后服务及产能

查阅管理文件、组织机构设置、人员档案及售后服务记录等相关信息。

产能情况通过现场实际情况及供应商提供的产能计算报告，根据产品生产的瓶颈进行判断。

本文件中所有核实内容都将对供应商参与招投标活动有重要影响，其中标记"※"的内容是以往招标必备项的要求，也是重点核实内容，其他未标记"※"的为一般核实内容。

附 录 A

检 测 报 告 试 验 项 目

A.1 UPS 电源（不间断电源）试验项目

  a) 电气性能及安全：

    1) ※一般检查；

    2) ※电气间隙和爬电距离检验；

    3) ※电气绝缘性能检验；

    4) ※防护等级检验；

    5) ※噪声检验；

    6) ※温升检验；

    7) ※电压和电流调节范围检验；

    8) ※稳压精度检验；

    9) ※纹波系数检验；

    10) ※谐波电流检验；

    11) ※效率及功率因数检验；

    12) ※动态电压瞬变范围检验；

    13) ※瞬变响应恢复时间检验；

    14) ※启动冲击电流；

    15) ※同步精度检验；

    16) ※频率检验；

    17) ※电压波形失真度试验；

    18) ※总切换时间试验；

    19) ※报警及保护功能检验；

    20) ※监控装置检验；

    21) 并机均流性能检验；

    22) 电压不平衡度试验；

    23) 电压相位偏差试验；

    24) 维修旁路开关切换时间；

    25) 隔离变压器试验；

    26) 交流旁路输入调压器。

  b) 电磁兼容：

    1) ※阻尼振荡波抗扰度检验；

    2) ※静电放电抗扰度检验；

    3) ※电快速瞬变脉冲群抗扰度检验；

4) ※浪涌（冲击）抗干扰度检验；

5) ※射频电磁场辐射抗扰度检验；

6) ※工频磁场抗扰度检验；

7) ※阻尼振荡磁场抗扰度检验；

8) 传导发射限值检验；

9) 辐射发射限值检验。

A.2 充电屏试验项目

a) 电气性能及安全：

1) ※结构及工艺检查；

2) ※稳流精度检验；

3) ※稳压精度检验；

4) ※纹波系数检验；

5) ※直流电流电压输出误差检验；

6) ※限流及限压特性检验；

7) ※效率及功率因数检验；

8) ※均流不平衡度检验；

9) ※直流供电能力检验；

10) ※噪声检验；

11) ※保护及报警功能检验；

12) ※监控装置检验；

13) ※通信功能要求检验；

14) ※产品的充电功能要求检验；

15) ※产品配置要求检验；

16) ※电气间隙及爬电距离检验；

17) ※绝缘电阻试验；

18) ※介电强度检验；

19) ※冲击耐压检验；

20) ※温升检验；

21) ※防护等级检验；

22) 防触电措施检验；

23) 温度变化对性能的影响检验；

24) 耐湿热性能检验；

25) 反灌纹波电压检验（直流变换电源装置）；

26) 杂音电压检验（直流变换电源装置）；

27) 工频或直流耐压检验；

28) 电压和电流调节范围检验；

29）输出电压温度系数检验；

30）谐波电流检验；

31）动态电压瞬变范围和瞬变响应恢复时间检验；

32）软启动特性检验；

33）开机过冲幅度检验；

34）防止输出端电流反灌性检验。

b）电磁兼容：

1）※阻尼振荡波抗扰度检验；

2）※静电放电抗扰度检验；

3）※电快速瞬变脉冲群抗扰度检验；

4）※射频电磁场辐射抗扰度检验；

5）※浪涌（冲击）抗干扰度检验；

6）※射频场感应的传导骚扰抗扰度检验；

7）※工频磁场抗扰度检验；

8）※阻尼振荡磁场抗扰度检验；

9）传导发射限值检验；

10）辐射发射限值检验；

11）谐波电流限值检验。

A.3 馈电屏试验项目

1）※外观、结构要求检验；

2）※温升检验；

3）※机械性能检验；

4）※整组功能要求检验；

5）※绝缘电阻检验；

6）电气间隙和爬电距离检验；

7）介质强度检验；

8）冲击电压检验；

9）环境适应性检查；

10）接地要求检验；

11）防护等级要求检验；

12）可燃性要求检验；

13）防静电要求检验。

A.4 逆变电源试验项目

a）电气性能及安全：

1）※一般检查；

2） ※绝缘性能检验；

3） ※稳压稳流精度检验；

4） ※效率检验；

5） ※噪声检验；

6） ※温升检验；

7） ※整流限流及限压试验；

8） ※保护及报警功能检验；

9） ※逆变程序试验；

10）※显示和检测功能、通信功能检验；

11）※"三遥"功能试验；

12）※谐波测量试验；

13）※模块并机均流功能试验；

14）电气间隙和爬电距离检验；

15）防护等级检验；

16）负荷能力检验；

17）连续供电能力检验；

18）电压和电流的调节范围检验；

19）启动冲击电流检验；

20）频率检验；

21）电压波形失真度检验。

b） 电磁兼容：

1） ※阻尼振荡波抗扰度检验；

2） ※静电放电抗扰度检验。

A.5 试验电源屏试验项目

a） 电气性能及安全：

1） ※外观检查检验；

2） ※稳压精度检验；

3） ※绝缘电阻检验；

4） ※介质强度检验；

5） ※冲击电压检验；

6） ※耐低温性能检验；

7） ※耐高温性能检验；

8） ※耐湿热性能检验；

9） 交流输出不平衡度检验；

10）交流输出电压总谐波度畸变率检验；

11）纹波系数检验；

12）交流输入过欠压检验；

13）直流输出过压检验；

14）音响噪声检验；

15）保护接地电阻检验。

b）电磁兼容：

1）阻尼振荡波抗扰度检验；

2）静电放电抗扰度检验；

3）电快速瞬变脉冲群抗扰度检验；

4）射频电磁场辐射抗扰度检验。

A.6 一体化电源系统、一体化（智能）电源系统试验项目

A.6.1 一体化电源系统、一体化（智能）电源系统本体部分

a）电气性能及安全：

1）※一般检查；

2）※电气间隙和爬电距离检验；

3）※电气绝缘性能检验；

4）※防护等级检验；

5）※噪声检验；

6）※温升检验；

7）※并机均流性能检验；

8）※效率及功率因数检验；

9）※报警及保护功能检验；

10）※监控装置检验；

11）电压和电流调节范围检验；

12）蓄电池组容量检验；

13）事故放电能力检验；

14）负荷能力检验；

15）连续供电能力检验；

16）控制母线的电压调整功能检验；

17）稳流精度检验；

18）稳压精度检验；

19）纹波系数检验；

20）直流电流整定误差检验；

21）直流电压整定误差检验；

22）谐波电流检验；

23）限流及限压特性检验；

24）动态电压瞬变范围检验；

25）瞬变响应恢复时间检验；

26）软启动特性；

27）开关机过冲幅度；

28）启动冲击电流；

29）同步精度检验（UPS 和 INV 的其他要求）；

30）频率检验（UPS 和 INV 的其他要求）；

31）电压不平衡度试验（UPS 和 INV 的其他要求）；

32）电压相位偏差试验（UPS 和 INV 的其他要求）；

33）电压波形失真度试验（UPS 和 INV 的其他要求）；

34）总切换时间试验（UPS 和 INV 的其他要求）；

35）维修旁路开关切换时间（UPS 和 INV 的其他要求）；

36）隔离变压器试验（UPS 和 INV 的其他要求）；

37）交流旁路输入调压器（UPS 和 INV 的其他要求）。

b）电磁兼容：

1）※阻尼振荡波抗扰度检验；

2）※静电放电抗扰度检验；

3）※电快速瞬变脉冲群抗扰度检验；

4）※浪涌（冲击）抗干扰度检验；

5）工频磁场抗扰度检验；

6）阻尼振荡磁场抗扰度检验；

7）传导发射限值检验；

8）辐射发射限值检验。

A.6.2 配套的高频开关电源整流模块

1）※外观检查；

2）※绝缘电阻检验；

3）※效率及功率因数检验；

4）※噪声检验；

5）※温升检验；

6）※通信功能检验；

7）※保护及告警功能检验；

8）※阻尼振荡波抗扰度检验；

9）※静电放电抗扰度检验；

10）※电快速瞬变脉冲群抗扰度检验；

11）※浪涌（冲击）抗干扰度检验；

12）工频耐压检验；

13）冲击耐压检验；

14）防护检验；

15）电压和电流调节范围检验；

16）稳流精度检验；

17）稳压精度检验；

18）纹波系数检验；

19）限流及限压特性检验；

20）并机均流性能检验；

21）输出电压整定误差检验；

22）输出电压温度系数检验；

23）谐波电流检验；

24）动态电压瞬变范围检验；

25）瞬变响应恢复时间检验；

26）软启动特性检验；

27）开关机过冲幅度检验；

28）防止输出端电流反灌性能检验；

29）面板指示与操作功能检验；

30）耐湿热性能检验；

31）工频磁场抗扰度检验；

32）阻尼振荡磁场抗扰度检验；

33）传导发射限值检验；

34）辐射发射限值检验。

A.7　直流电源系统试验项目

A.7.1　直流电源系统本体部分

　　a）　电气性能及安全：

　　　　1）　※结构及工艺检查；

　　　　2）　※稳流精度检验；

　　　　3）　※稳压精度检验；

　　　　4）　※纹波系数检验；

　　　　5）　※直流电流电压输出误差检验；

　　　　6）　※限流及限压特性检验；

　　　　7）　※效率及功率因数检验；

　　　　8）　※均流不平衡度检验；

　　　　9）　※蓄电池检验；

　　　　10）※直流供电能力检验；

　　　　11）※噪声检验；

　　　　12）※报警及保护功能检验；

　　　　13）※监控装置检验；

14）※通信功能要求检验；

15）※产品的充电功能要求检验；

16）※产品配置要求检验；

17）※电气间隙及爬电距离检验；

18）※绝缘电阻试验；

19）※介电强度检验；

20）※冲击耐压检验；

21）※温升检验；

22）※防护等级检验；

23）防触电措施检验；

24）温度变化对性能的影响检验；

25）耐湿热性能检验；

26）动态电压瞬变范围检验（交流不间断电源和逆变电源）；

27）瞬变响应恢复时间检验（交流不间断电源和逆变电源）；

28）同步精度检验（交流不间断电源和逆变电源）；

29）频率检验（交流不间断电源和逆变电源）；

30）电压不平衡度检验（交流不间断电源和逆变电源）；

31）电压相位偏差检验（交流不间断电源和逆变电源）；

32）电压波形失真度检验（交流不间断电源和逆变电源）；

33）输出电流峰值因数检验（交流不间断电源和逆变电源）；

34）反灌纹波电压检验（直流变换电源装置、交流不间断电源和逆变电源）；

35）总切换时间检验（交流不间断电源和逆变电源）；

36）交流旁路输入要求检验（交流不间断电源和逆变电源）；

37）杂音电压检验（直流变换电源装置）。

b）电磁兼容：

1）※阻尼振荡波抗扰度检验；

2）※静电放电抗扰度检验；

3）※电快速瞬变脉冲群抗扰度检验；

4）※射频电磁场辐射抗扰度检验；

5）※浪涌（冲击）抗干扰度检验；

6）※射频场感应的传导骚扰抗扰度检验；

7）※工频磁场抗扰度检验；

8）※阻尼振荡磁场抗扰度检验；

9）传导发射限值检验；

10）辐射发射限值检验；

11）谐波电流限值检验。

A.7.2 配套的高频开关电源整流模块

1） ※外观检查；

2） ※绝缘电阻检验；

3） ※噪声检验；

4） ※效率及功率因数检验；

5） ※温升检验；

6） ※通信功能检验；

7） ※保护及告警功能检验；

8） ※阻尼振荡波抗扰度检验；

9） ※静电放电抗扰度检验；

10） ※电快速瞬变脉冲群抗扰度检验；

11） ※浪涌（冲击）抗干扰度检验；

12） 工频耐压检验；

13） 冲击耐压检验；

14） 防护检验；

15） 电压和电流调节范围检验；

16） 稳流精度检验；

17） 稳压精度检验；

18） 纹波系数检验；

19） 限流及限压特性检验；

20） 并机均流性能检验；

21） 输出电压整定误差检验；

22） 输出电压温度系数检验；

23） 谐波电流检验；

24） 动态电压瞬变范围检验；

25） 瞬变响应恢复时间检验；

26） 软启动特性检验；

27） 开关机过冲幅度检验；

28） 防止输出端电流反灌性能检验；

29） 面板指示与操作功能检验；

30） 耐湿热性能检验；

31） 工频磁场抗扰度检验；

32） 阻尼振荡磁场抗扰度检验；

33） 传导发射限值检验；

34） 辐射发射限值检验。

A.8　蓄电池组试验项目

1）　※外观、极性及尺寸检查；

2）　※密封性检查；

3）　※安全阀试验；

4）　※容量性能试验；

5）　※端电压均衡性试验；

6）　※再充电性能试验；

7）　※荷电保持性能试验；

8）　※低温敏感性试验；

9）　※热失控敏感性试验；

10）※防雾酸能力试验；

11）※耐高电流能力试验；

12）※防爆能力试验；

13）蓄电池间连接性能试验；

14）气体析出量试验；

15）短路电流与直流内阻试验；

16）循环耐久性试验；

17）耐接地短路能力试验；

18）抗机械破损能力试验；

19）材料的阻燃能力试验；

20）封口剂性能检验；

21）耐过充电能力试验；

22）不同倍率放电和冲击放电性能试验。

附　录　B
主 要 生 产 设 备

B.1　UPS 电源（不间断电源）、充电屏、馈电屏、逆变电源、试验电源屏、一体化电源系统、一体化（智能）电源系统、直流电源系统产品生产设备包括：

    a）　※母排加工机（适用于有母排的箱柜）；

    b）　※折弯机（或具备折剪冲功能的数控加工中心）；

    c）　※冲床（或具备折剪冲功能的数控加工中心）；

    d）　※剪板机（或具备折剪冲功能的数控加工中心）；

    e）　※焊机；

    f）　※起吊设备；

    g）　※整机装配类设备；

    h）　自动剪线机；

    i）　贴片机；

    j）　整流类生产设备；

    k）　逆变类生产设备；

    l）　波峰焊设备；

    m）芯片程序烧写机；

    n）　无铅回流焊；

    o）　高温老化室；

    p）　电脑剥线机；

    q）　全自动视觉印刷机。

B.2　蓄电池组产品生产设备包括：

    a）　※密封电池装配设备；

    b）　※电池架生产设备；

    c）　铅粉生产设备；

    d）　和膏生产设备；

    e）　铸板生产设备；

    f）　涂板生产设备；

    g）　规格电池加酸机；

    h）　化成设备。

附 录 C
主 要 试 验 设 备

C.1 UPS 电源（不间断电源）、充电屏、馈电屏、逆变电源、试验电源屏、一体化电源系统、一体化（智能）电源系统、直流电源系统产品试验设备包括：

a) ※绝缘电阻测试仪；

b) ※大功率调压器；

c) ※模拟断路器；

d) ※耐压测试仪；

e) ※功率分析仪；

f) ※回路电阻测试仪；

g) ※高低温湿热试验箱；

h) 多通道示波器；

i) 噪声计；

j) 可调直流负载；

k) 输入输出阻抗测试仪；

l) 继电保护测试仪。

C.2 蓄电池组产品试验设备包括：

a) ※蓄电池综合测试仪；

b) ※高、低温箱；

c) ※水平垂直燃烧仪；

d) ※防爆箱；

e) 电池内阻测试仪；

f) 恒温槽；

g) 红外热像仪。

附 录 D

出 厂 试 验 项 目

D.1 UPS 电源（不间断电源）

a) 一般检查；

b) 电气间隙和爬电距离检验；

c) 电气绝缘性能试验；

d) 稳压精度测试；

e) 并机均流性能检验；

f) 频率检验；

g) 电压不平衡度试验；

h) 电压相位偏差试验；

i) 电压波形失真度试验；

j) 隔离变压器试验；

k) 交流旁路输入调压器；

l) 保护及报警功能测试；

m) 监控装置检验。

D.2 充电屏

a) 结构及工艺检查；

b) 稳流精度检验；

c) 稳压精度检验；

d) 纹波系数检验；

e) 直流电流电压输出误差检验；

f) 限流及限压特性检验；

g) 均流不平衡度检验；

h) 杂音电压（直流变换电源装置）；

i) 控制母线的电压调节；

j) 报警及保护功能检验；

k) 监控装置检验；

l) 通信功能要求检验；

m) 产品的充电功能要求检验；

n) 产品配置要求检验；

o) 电气间隙及爬电距离检验；

p) 绝缘电阻检验；

q) 介电强度检验；

r) 防触电措施检验；

s) 工频或直流耐压检验；

t) 电压和电流调节范围检验；

u) 输出电压整定误差检验。

D.3 馈电屏

a) 外观、结构要求检验；

b) 配线、元器件及附件要求检验；

c) 电气间隙和爬电距离检验；

d) 绝缘电阻检验；

e) 介质强度检验；

f) 接地要求检验；

g) 防静电要求检验；

h) 整组功能要求检验。

D.4 逆变电源

a) 一般检查；

b) 绝缘性能检验；

c) 电压不平衡度试验；

d) 电压相位偏差试验；

e) 稳压精度；

f) 过压和欠压保护；

g) 保护及报警功能检验；

h) "三遥"功能试验；

i) 显示和检测功能、通信功能。

D.5 试验电源屏

a) 一般检查（包括外观、电气配置、接线正确性检查）；

b) 绝缘试验；

c) 电击防护和保护电路有效性的验证；

d) 工频交流耐压试验；

e) 通电试验。

D.6 一体化电源系统、一体化（智能）电源系统

a） 一般检查；

b） 电气间隙和爬电距离检验；

c） 电气绝缘性能试验；

d） 并机均流性能检验；

e） 保护及报警功能测试；

f） 监控装置检验；

g） 电压和电流调节范围检验；

h） 遥测及显示功能测试；

i） 遥信及遥控功能测试；

j） 稳流精度测试；

k） 稳压精度/纹波系数测试；

l） 充电机限流及限压测试；

m） 控制程序测试；

n） 蓄电池测试仪测试；

o） 绝缘监察测试；

p） 交流系统切换及输出测试；

q） 通信电源输出测试；

r） UPS 电源输出测试；

s） UPS 掉电测试。

D.7 直流电源系统

a） 结构及工艺检查；

b） 稳流精度检验；

c） 稳压精度检验；

d） 纹波系数检验；

e） 直流电流电压输出误差检验；

f） 限流及限压特性检验；

g） 均流不平衡度检验；

h） 同步精度检验（交流不间断电源和逆变电源）；

i） 频率检验（交流不间断电源和逆变电源）；

j） 电压不平衡度检验（交流不间断电源和逆变电源）；

k） 电压相位偏差检验（交流不间断电源和逆变电源）；

l） 电压波形失真度检验（交流不间断电源和逆变电源）；

m） 总切换时间检验（交流不间断电源和逆变电源）；

n) 交流旁路输入要求检验（交流不间断电源和逆变电源）；

o) 蓄电池组容量检验；

p) 控制母线的电压调节功能检验；

q) 报警及保护功能检验；

r) 监控装置检验；

s) 通信功能要求检验；

t) 产品的充电功能要求检验；

u) 产品配置要求检验；

v) 绝缘电阻试验；

w) 介电强度检验；

x) 防触电措施检验。

D.8 蓄电池组

a) 外观、极性及尺寸检查；

b) 密封性检查；

c) 容量性能试验；

d) 端电压均衡性试验；

e) 内阻试验。

在线监测装置（含线路在线监测装置、变电在线监测装置及换流站设备在线监测、电能质量在线监测装置、智能变电站辅助系统综合监控平台）供应商资质能力信息核实规范

目　　次

1　范围 ·· 149

2　规范性引用文件 ································· 150

3　资质信息 ··· 151

　3.1　企业信息 ···································· 151

　3.2　报告证书 ···································· 152

　3.3　产品业绩 ···································· 152

4　设计研发能力 ·································· 153

　4.1　技术来源与支持 ························ 153

　4.2　设计研发内容 ···························· 153

　4.3　设计研发人员 ···························· 153

　4.4　设计研发工具 ···························· 153

　4.5　获得专利情况 ···························· 153

　4.6　参与标准制（修）订情况 ·········· 153

　4.7　产品获奖情况 ···························· 153

　4.8　软件管理能力 ···························· 153

　4.9　参与的重大项目 ························ 153

5　生产制造能力 ·································· 153

　5.1　※生产厂房 ································· 153

　5.2　生产工艺 ···································· 153

　5.3　※生产设备 ································· 154

　5.4　生产、技术、质量管理人员 ······· 154

6　试验检测能力 ·································· 154

　6.1　※试验场所 ································· 154

　6.2　试验检测管理 ···························· 154

　6.3　※试验检测设备 ························ 154

　6.4　试验检测人员 ···························· 155

　6.5　※现场抽样 ································· 155

7　原材料/组部件管理 ························ 155

　7.1　※管理规章制度 ························ 155

　7.2　※管理控制情况 ························ 155

8　数智制造 ··· 156

9 绿色发展 ·· 156

10 售后服务及产能 ·· 156

  10.1 售后服务 ·· 156

  10.2 产能 ··· 156

附录 A 检测试验报告项目 ··· 158

  A.1 型式试验报告 ·· 158

  A.2 DL/T 860 一致性测试 ···································· 160

附录 B 出厂试验项目 ·· 161

  B.1 线路在线监测装置 ·· 161

  B.2 变电在线监测装置及换流站设备在线监测 ··········· 161

  B.3 电能质量在线监测装置 ··································· 161

  B.4 智能变电站辅助系统综合监控平台 ···················· 162

在线监测装置（含线路在线监测装置、变电在线监测装置及换流站设备在线监测、电能质量在线监测装置、智能变电站辅助系统综合监控平台）供应商资质能力信息核实规范

1 范围

本文件规定了国家电网有限公司对在线监测装置（含线路在线监测装置、变电在线监测装置及换流站设备在线监测、电能质量在线监测、智能变电站辅助系统综合监控平台）供应商的资质条件及制造能力信息进行核实的依据。

本文件适用于国家电网有限公司在线监测装置（含线路在线监测装置、变电在线监测装置及换流站设备在线监测、电能质量在线监测、智能变电站辅助系统综合监控平台）供应商的信息核实工作。包括：

a) 线路在线监测装置：线温监测系统、覆冰监测系统、风偏监测系统、杆塔倾斜监测装置、舞动监测系统、微气象在线监测装置、污秽度在线监测装置、电缆护层电流监测系统、视频在线监测装置、综合在线监测装置、导线振动在线监测装置、主站系统、避雷器状态监测系统、大跨越远程在线监测系统、导线弧垂在线监测系统、接地极在线监测系统、电缆隧道在线监测系统、输电线路负荷动态增容及在线监测系统、高压熔断器状态检测装置、输电线路故障监测系统、电缆导体在线测温系统、电缆故障预警与精确定位装置、有源避雷器在线监测装置、无源避雷器在线监测装置、图像在线监测装置。

b) 变电在线监测装置：套管监测系统、局放监测系统、油色谱监测系统、SF_6监测系统、容性设备监测系统、变压器在线监测系统、避雷器在线监测系统、蓄电池在线监测系统、微气象在线监测装置、测温监测系统、变电设备在线监测主站、接地线管理系统、GIS 微水密度在线监测系统、在线监测集成系统、主变铁芯监测系统、变压器直流偏磁监测装置、直流接地监测系统、电磁辐射在线监测系统、电抗器监测系统、开关柜监测装置、蓄电池在线养护系统、暂态过电压监测装置、GIL 在线监测系统、无源避雷器在线监测装置、有源避雷器在线监测装置、剩余电流监测系统。

c) 换流站设备在线监测：接地极在线监测系统、状态监测集中处理系统。

d) 电能质量在线监测装置。

e) 智能变电站辅助系统综合监控平台及视频监控子系统、门禁子系统、环境监测子系统、安全警卫子系统、灯光智能控制子系统等。

2 规范性引用文件

下列文件中的内容通过文中的规范性引用而构成本文件必不可少的条款。其中，注日期的引用文件，仅该日期对应的版本适用于本文件；不注日期的引用文件，其最新版本（包括所有的修改单）适用于本文件。

GB/T 191　包装储运图示标志

GB/T 2421　电工电子产品环境试验

GB/T 2423.2　电工电子产品环境试验　第 2 部分：试验方法

GB/T 4208　外壳防护等级（IP 代码）

GB/T 6587　电子测量仪器通用规范

GB/T 12325　电能质量　供电电压偏差

GB/T 12326　电能质量　电压波动和闪变

GB/T 14549　电能质量　公用电网谐波

GB/T 14537　量度继电器和保护装置的冲击与碰撞试验

GB/T 15543　电能质量　三相电压不平衡

GB/T 15945　电能质量　电力系统频率偏差

GB 17625　电磁兼容限值

GB/T 17626　电磁兼容试验和测量技术

GB/T 18481　电能质量　暂时过电压和瞬态过电压

GB/T 19862　电能质量监测设备通用要求

GB/T 24337　电能质量　公用电网间谐波

GB/T 30137　电能质量电压暂降与短时中断

GB/T 32507—2016　电能质量术语

GB/T 35697　架空输电线路在线监测装置通用技术规范

GB/T 50789　±800kV 直流换流站设计规范

GB/T 51200　高压直流换流站设计规范

DL/T 282—2012　合并单元技术条件

DL/T 664　带电设备红外诊断应用规范

DL/T 860　电力自动化通信网络和系统

DL/T 890　能量管理系统应用程序接口

DL/T 1498.2　变电设备在线监测装置技术规范　第 2 部分：变压器油中溶解气体在

线监测装置

DL/T 1498.3　变电设备在线监测装置技术规范　第 3 部分：电容型设备及金属氧化物避雷器绝缘在线监测装置

DL/T 1498.4　变电设备在线监测装置技术规范　第 4 部分：气体绝缘金属封闭开关设备局部放电特高频在线监测装置

DL/T 1498.5　变电设备在线监测装置技术规范　第 5 部分：变压器铁心接地电流在线监测装置

DL/T 1506　高压交流电缆在线监测系统通用技术规范

DL/T 1555　六氟化硫气体泄漏在线监测报警装置运行维护导则

DL/T 2270　高压电缆接地电流在线监测系统技术规范

Q/GDW 383　智能变电站技术导则

Q/GDW 688　智能变电站辅助控制系统设计技术规范

Q/GDW 1242　输电线路状态监测装置通用技术规范

Q/GDW 1243　输电线路气象监测装置技术规范

Q/GDW 1244　输电线路导线温度监测装置技术规范

Q/GDW1517.1　电网视频监控系统及接口　第 1 部分：技术要求

Q/GDW1517.2　电网视频监控系统及接口　第 2 部分：测试方法

Q/GDW 1535　变电设备在线监测装置通用技术规范

Q/GDW 1560.2　输电线路图像视频监控装置技术规范　第 2 部分：视频监控装置

Q/GDW 1650　电能质量监测技术规范

Q/GDW 10556　输电线路导线弧垂监测装置技术规范

Q/GDW 11057　变电设备在线监测系统站端监测单元技术规范

Q/GDW 11058　变电设备在线监测系统综合监测单元技术规范

Q/GDW 11449　输电线路状态监测装置试验方法

Q/GDW 11455　电力电缆及通道在线监测装置技术规范

Q/GDW 11479　变电站微气象在线监测装置技术规范

Q/GDW 11641　高压电缆及通道在线监测系统技术导则

Q/GDW 11660　输电线路分布式故障监测装置技术规范

3　资质信息

3.1　企业信息

3.1.1　※基本信息

查阅营业执照。

供应商为中华人民共和国境内依法注册的法人或其他组织。

3.1.2 法定代表人/负责人信息

查阅法定代表人/负责人身份证（或护照）。

3.1.3 财务信息

查阅审计报告、财务报表，其中审计报告为具有资质的第三方机构出具。

3.1.4 资信等级证明

查阅银行或专业评估机构出具的证明。

3.1.5 注册资本和股本结构

查阅验资报告。

3.2 报告证书

3.2.1 检测报告

查阅检测报告及其他支撑资料。

※a) 检测报告出具机构为国家授权的专业检测机构或者国际专业权威机构。境内检验机构具有计量认证证书（CMA）及中国合格评定国家认可委员会颁发的实验室认可证书（CNAS），且证书附表检测范围涵盖所核实产品。

※b) 检测报告的委托方和产品制造方是供应商自身。

※c) 型式（检验）试验报告符合相应的国家标准、电力行业标准、国家电网有限公司企业标准和物资采购标准规定的试验项目和试验数值的要求，试验报告项目包含附录 A。

※d) 当产品在设计、关键材料、元器件、装置软件或制造工艺改变或者产品转厂生产或异地生产时，重新进行相应的型式（检验）试验。

※e) 多种行业标准并存时，优先执行电力行业标准和国家电网有限公司企业标准。

※f) 国家标准、行业标准规定的检测报告有效期有差异的，以有效期短的为准；国家标准、行业标准均未明确检测报告有效期的，检测报告有效期按长期有效认定。

 g) 凡支持DL/T 860通信标准的产品,宜具备电力行业检验检测机构出具的 DL/T 860 一致性检验报告。

3.2.2 ※质量管理体系

具有健全的质量管理体系，且运行情况良好，查阅管理体系认证书或其他证明材料。

3.3 产品业绩

查阅供货合同及相应的合同销售发票。

a) 合同的供货方和实际产品的生产方均为供应商自身。

b) 出口业绩提供报关单，出口业绩合同提供中文版本或经公证后的中文译本。

c) 不予统计的业绩有（不限于此）：

　　1) 与同类产品制造厂、代理商和经销商之间的业绩；

　　2) 作为元器件、组部件的业绩；

3）　产品在试验室或试验站的业绩；

4）　出口业绩的外贸合同、发票、报关单及对应产品型号等信息资料难以核实或不全的。

4　设计研发能力

4.1　技术来源与支持

有技术合作支持方的查阅技术协作协议，以及设计文件图纸等相关信息。

4.2　设计研发内容

查阅产品研发的设计、试验、关键工艺技术、质量控制方面的情况。

4.3　设计研发人员

查阅设计研发部门的机构设置及人员信息。

4.4　设计研发工具

查验供应商实际研发设计工具。

4.5　获得专利情况

查阅产品相关的已获授权专利证书。

4.6　参与标准制（修）订情况

查阅参与制定并已颁布的标准等证明材料信息。

4.7　产品获奖情况

查阅与产品相关的省部级及以上获奖证书等相关信息。

4.8　软件管理能力

查阅供应商提供的规章制度文件、过程记录及相关证书核实。

4.9　参与的重大项目

查阅有关证明供应商参与重大项目的资料信息。

5　生产制造能力

5.1　※生产厂房

查阅不动产权证书、土地使用权证、房屋产权证、厂房设计图纸、房屋租赁合同等相关信息。具有与产品相配套的厂房，厂房为自有或长期租赁（2年及以上），厂房面积、洁净程度符合生产产品的要求。

5.2　生产工艺

查阅工艺控制文件、管理文件及工艺流程控制记录等相关信息。

5.2.1　工艺控制文件

各工序的作业指导书、工艺控制文件齐全、统一、规范。其工艺文件中所规定的关键技术要求和技术参数不低于国家标准、电力行业标准、国家电网有限公司企业标准和物资采购标准。各工艺环节中无国家明令禁止的行为。

完整的工艺文件包括产品质量重要度分级、外购外协件清单及检测标准、生产工序流

程、过程控制工艺卡、产品质量检验标准、生产操作手册、安装使用说明书等。

5.2.2 关键生产工艺控制

产品工艺技术成熟、稳定。从原材料/组部件到产品入库所规定的每道工序的工艺技术能保证产品生产的需要。生产产品的各个工序按工艺文件执行，现场记录内容规范、详实，并具有可追溯性。现场定置管理，有明显的标识，主要生产设备的操作规程图表上墙。

5.3 ※生产设备

查阅设备的现场实际情况及购买发票等相关信息。

a) 具有与产品生产相适应的设备，主要生产设备包括但不限于元器件筛选设备、贴片机、系统总装流水线等，宜具备高温老化设备。设备应自有，不能租用。

b) 生产设备使用正常，计量仪器、仪表具有相应检定资质单位出具的有效检定证书（报告），并在检定合格期内。建立设备管理档案（包括使用说明、台账、保养维护记录等），其维修保养等记录规范、详实，具有可追溯性。

5.4 生产、技术、质量管理人员

查阅人力资源部门管理文件（如劳动合同、人员花名册、社保缴纳记录等），包括生产、技术、质量管理等人员数量。结合现场实际情况，观察现场人员的操作水平。

a) 具有生产需要的专职生产人员及技术人员。一线生产人员经培训上岗，操作熟练。

b) 具有质量管理组织机构、质量管理部门及人员。

6 试验检测能力

6.1 ※试验场所

查看试验场所现场情况。

具有与试验产品相配套的试验场所，具有除尘及防静电措施，试验场所环境符合试验要求。

6.2 试验检测管理

查阅相关的规章制度文件、过程记录及出厂试验报告等相关信息。

具有试验室管理制度、操作规程、试验标准，并在操作过程中严格按照规程执行。

6.3 ※试验检测设备

查阅设备的现场实际情况及购买发票等相关信息。

a) 设备齐全，符合进行国家标准、电力行业标准、国家电网有限公司企业标准和物资采购标准所规定的逐个试验和抽样试验检测要求，不能委托其他单位进行。试验检测设备应至少包括绝缘电阻测试仪、介质强度测试仪、冲击电压测试仪、信号发生器及标准源。

b) 试验设备使用正常，计量仪器、仪表具有有效期内合格的检定证书（报告）。建立设备管理档案（包括使用说明、台账、保养维护记录等），其维修保养等记录

规范、详实，具有可追溯性。

6.4　试验检测人员

查阅人力资源部门管理文件（如劳动合同、人员花名册、社保证明等）、人员资质证书及培训记录。

试验人员能独立完成试验，操作熟练，能理解或掌握相关国家标准、电力行业标准、国家电网有限公司企业标准和物资采购标准的有关规定，并具有一定的试验结果分析能力。试验人员培训合格，持证上岗。

6.5　※现场抽样

6.5.1　抽查出厂试验报告

现场抽查至少 2 份出厂试验报告，报告规范完整、项目齐全。

6.5.2　抽样检测

原则上现场应对与被核实产品相同或相近型式的产品进行抽样检验。样品应在供应商声明的合格产品中抽取，抽样检验项目一般在出厂试验项目中选取。抽样检验重点核实供应商试验方法、试验场地环境、人员操作能力、仪器设备有效性和产品性能等方面。

a) 现场应抽查 2 份及以上出厂试验报告，报告应规范完整、项目齐全，检测结果应满足相关标准要求,出厂试验项目见附录 B。

b) 在已具备出厂条件的产品中抽取 1 台相近型式产品，选取出厂试验项目中的 2 个项目，依据现行国家标准、行业标准进行试验。核实试验方法、试验场地环境、人员操作能力、仪器设备有效性和产品性能。

c) 现场应具备检测条件，抽样试验应一次性通过。

7　原材料/组部件管理

7.1　※管理规章制度

查阅原材料/组部件管理规章制度。

a) 具有进厂检验制度和原材料/组部件管理制度。

b) 具有主要原材料/组部件供应商筛选制度，外购原材料/组部件生产厂家通过质量管理体系认证。

7.2　※管理控制情况

查看原材料/组部件管理实际执行情况。

a) 不能采用国家明令禁止的原材料/组部件。

b) 按工艺文件所规定的技术要求和相应管理文件，根据生产计划采购。主要原材料/组部件供应商变更有相应的报告并在相关工艺文件中说明。

c) 按规定进行进厂检验，验收合格后入库。

d) 分类独立存放，物资仓库有足够的存储空间和适宜的环境，实行定置管理，标识清晰、正确、规范、合理。

e) 原材料/组部件管理制度严格执行，且原材料/组部件使用现场记录内容规范、详实，并具有可追溯性。

8 数智制造

应用互联网和物联网技术，打造"透明工厂"，生产制造、试验检验、原材料/组部件管理等信息对买方公开，接入国家电网电工装备智慧物联平台。

加强数字基础设施建设，推动数字技术与先进制造技术融合发展。供应商相关业务数据、原材料/组部件检验数据、生产过程检验数据、出厂试验数据、成品信息数据和视频数据等支持自动采集或系统推送。数据接口需保障数据完整性、正确性、安全性，具有可扩展性、通信实时性等。

9 绿色发展

查看供应商资源能源消耗情况、战略体系、绿色认证及其他支撑材料，包括：

a) 相关油、水、气、煤及电力、热力等能源消耗，建立能源利用统计报表制度，分析生产经营环节能源利用情况。

b) 相关绿色工厂认证、绿色产品标识、绿色供应链管理等相关资质文件。

c) 将绿色发展理念融入战略体系中，并形成明确的绿色发展目标，制定详实且具有操作性的实施路径。

d) 建立、实施并保持支撑企业绿色低碳发展的绿色管理体系情况，包括但不限于能源管理体系、碳排放管理体系、能源计量管理体系等。

e) 使用无害原材料，禁止使用国家明令禁止的淘汰设备、工艺技术等，并应用国家鼓励的节能设备与先进工艺技术情况。

f) 建立完善的绿色采购管理制度，推广绿色包装材料应用，并建立系统的循环利用体系，实施绿色制造情况。

g) 生产环节的大气污染物排放、水体污染物排放、固体废弃物排放、噪声排放等基础排放符合相关国家标准及地方标准要求情况。

10 售后服务及产能

10.1 售后服务

查阅管理文件、组织机构设置、人员档案及售后服务记录等相关信息。

a) 具备电力工程经验的人员，能够保证设备在工程现场进行技术支持。

b) 具备提供24小时电话服务能力，并具有相应的技术服务团队和备品备件。当运行中的设备出现危及系统安全的故障时，具备在规定时间内到达故障现场处理的能力。

10.2 产能

产能情况通过现场实际情况及供应商提供的产能计算报告，根据产品生产的瓶颈进行判断。

　　本文件中所有核实内容都将对供应商参与招投标活动有重要影响，其中标记"※"的内容是以往招标必备项的要求，也是重点核实内容，其他未标记"※"的为一般核实内容。

附 录 A

检 测 试 验 报 告 项 目

A.1 型式试验报告

A.1.1 线路在线监测装置

a) 外观和结构检查；

b) 基本功能检验；

c) 准确度测试（适用除主站系统）；

d) 环境适应性性能试验；

e) 电磁兼容性能试验；

f) 外壳防护性能试验；

g) 雷击性能试验（适用覆冰监测系统、风偏监测系统、杆塔倾斜监测装置、舞动监测系统、污秽度在线监测装置、导线振动在线监测装置、导线弧垂在线监测系统）；

h) 供电电源性能试验（适用除电缆护层电流监测系统、电缆隧道在线监测系统、电缆故障预警与精确定位装置、无源避雷器在线监测装置）；

i) 绝缘性能试验（适用电缆护层电流监测系统、电缆隧道在线监测系统、电缆故障预警与精确定位装置）；

j) 抗谐波干扰试验（适用避雷器状态监测系统、无源避雷器在线监测装置、有源避雷器在线监测装置）；

k) 规约一致性试验（适用接地极在线监测系统）；

l) 通信模块试验、控制模块试验、故障电流测量试验、冲击电流测量试验（适用输电线路故障监测系统）；

m) 数据接收试验、数据存储试验、同步性测试（适用输电线路故障监测系统）；

n) 连续运行试验（适用电缆护层电流监测系统、电缆隧道在线监测系统、电缆故障预警与精确定位装置、输电线路故障监测系统）。

A.1.2 变电在线监测装置及换流站设备在线监测装置

a) 外观和结构检查；

b) 基本功能检验；

c) 准确度测试（适用除接地线管理系统、在线监测集成系统、蓄电池在线养护系统、状态监测集中处理系统、变电设备在线监测主站）；

d) 绝缘性能试验（适用有源类设备）；

e) 电磁兼容性能试验；

f) 环境适应性性能试验；

g) 机械性能试验；

h) 外壳防护性能试验；

i) 最小检测周期检验、数据传输检验、数据分析功能检查（适用油色谱监测系统）；

j) 监测装置气密性试验（适用 SF_6 监测系统、GIS 微水密度在线监测系统）；

k) 抗谐波干扰试验（适用容性设备监测系统、避雷器在线监测系统、无源避雷器在线监测装置、有源避雷器在线监测装置）；

l) 通信网络性能试验（适用在线监测集成系统、状态监测集中处理系统）；

m) 规约一致性试验（适用在线监测集成系统、接地极在线监测系统、状态监测集中处理系统）；

n) 限流单元冲击电压试验、限流电阻投切和报警功能检验、装置通流能力检验、限流单元通流能力检验、限流电阻投切可靠性校验、电压保护单元动作可靠性校验［适用主变铁芯检测系统（具有限流功能的监测装置）］。

A.1.3 电能质量在线监测装置

a) 外观和结构检查；

b) 基本功能检验；

c) 最大允许误差试验；

d) 电气性能试验；

e) 环境适应性性能试验；

f) 外壳防护性能试验；

g) 机械性能试验；

h) 绝缘性能试验；

i) 电磁兼容试验。

A.1.4 智能变电站辅助系统综合监控平台（装置类产品适用）

a) 外观检查；

b) 测量元件准确度；

c) 功能试验；

d) 连续通电试验；

e) 功率消耗试验；

f) 温度影响试验；

g) 绝缘性能试验；

h) 湿热性能试验；

i) 机械性能试验；

j) 接口试验；

k) 视频监控平台试验；

l) 环境适应性试验。

A.2　DL/T 860 一致性测试

a)　文件和版本控制；

b)　配置文件；

c)　应用关联模型；

d)　数据集模型；

e)　服务器/逻辑设备/逻辑节点/数据模型；

f)　控制模型；

g)　报告模型；

h)　采样值模型；

i)　时间和时间同步模型；

j)　文件传输模型。

附 录 B
出 厂 试 验 项 目

B.1 线路在线监测装置

a) 外观和结构检查；

b) 基本功能检验；

c) 准确度测试（适用除主站系统）；

d) 绝缘性能试验（适用电缆护层电流监测系统、电缆隧道在线监测系统、电缆故障预警与精确定位装置）；

e) 抗谐波干扰试验（适用避雷器状态监测系统、无源避雷器在线监测装置、有源避雷器在线监测装置）；

f) 规约一致性试验（适用接地极在线监测系统）。

B.2 变电在线监测装置及换流站设备在线监测

a) 外观和结构检查；

b) 基本功能检验；

c) 准确度测试（适用除接地线管理系统、在线监测集成系统、蓄电池在线养护系统、状态监测集中处理系统、变电设备在线监测主站）；

d) 绝缘性能试验（适用有源类设备）；

e) 最小检测周期试验（适用油色谱监测系统）；

f) 监测装置气密性试验（适用 GIS 微水密度在线监测系统、SF_6 监测系统）；

g) 抗谐波干扰试验（适用容性设备监测系统、避雷器在线监测系统、无源避雷器在线监测装置、有源避雷器在线监测装置）；

h) 通信网络性能试验（适用在线监测集成系统、状态监测集中处理系统）；

i) 规约一致性试验（适用接地极在线监测系统、状态监测集中处理系统、在线监测集成系统）。

B.3 电能质量在线监测装置

a) 外观和结构检查；

b) 基本功能检验；

c) 绝缘电阻试验；

d) 介质强度试验；

e) 连续通电试验。

B.4 智能变电站辅助系统综合监控平台

a) 外观检查；

b) 基本性能检验（包括部分测量精度）；

c) 绝缘电阻试验；

d) 连续通电试验。

图像监视系统供应商
资质能力信息核实规范

目　　次

1　范围 ·· 166

2　规范性引用文件 ··· 166

3　资质信息 ·· 167

　　3.1　企业信息 ··· 167

　　3.2　报告证书 ··· 167

　　3.3　产品业绩 ··· 168

4　设计研发能力 ·· 168

　　4.1　技术来源与支持 ·· 168

　　4.2　设计研发内容 ··· 168

　　4.3　设计研发人员 ··· 168

　　4.4　设计研发工具 ··· 168

　　4.5　软件管理能力 ··· 168

　　4.6　获得专利情况 ··· 169

　　4.7　参与标准制（修）订情况 ·· 169

　　4.8　产品获奖情况 ··· 169

　　4.9　参与的重大项目 ·· 169

　　4.10　商业信誉 ··· 169

5　生产制造能力 ·· 169

　　5.1　生产厂房 ··· 169

　　5.2　生产工艺 ··· 169

　　5.3　生产设备 ··· 169

　　5.4　生产、技术、质量管理人员 ··· 170

6　试验检测能力 ·· 170

　　6.1　试验场所 ··· 170

　　6.2　试验检测管理 ··· 170

　　6.3　试验检测设备 ··· 170

　　6.4　试验检测人员 ··· 170

　　6.5　现场抽样 ··· 170

7　原材料/组部件管理 ··· 171

　　7.1　管理规章制度 ··· 171

　　7.2　管理控制情况 ··· 171

    7.3 现场抽查 ·· 171

8 数智制造 ·· 171

9 绿色发展 ·· 171

10 售后服务及产能 ·· 172

附录 A 试验项目 ··· 173

附录 B 生产设备 ··· 174

附录 C 试验设备 ··· 175

附录 D 出厂试验项目 ··· 176

图像监视系统供应商资质能力信息核实规范

1 范围

本文件是国家电网有限公司对图像监视系统产品供应商的资质条件及制造能力信息进行核实工作的依据。

本文件适用于国家电网有限公司图像监视系统产品供应商的信息核实工作。

2 规范性引用文件

下列文件中的内容通过文中的规范性引用而构成本文件必不可少的条款。其中，注日期的引用文件，仅该日期对应的版本适用于本文件；不注日期的引用文件，其最新版本（包括所有的修改单）适用于本文件。

GB/T 2423.1 电工电子产品环境试验 第2部分：试验方法 试验A：低温

GB/T 2423.2 电工电子产品环境试验 第2部分：试验方法 试验B：高温

GB/T 2423.6 电工电子产品环境试验 第2部分：试验方法 试验Eb和导则：碰撞

GB/T 2423.10 电工电子产品环境试验 第2部分：试验方法 试验Fc：振动（正弦）

GB/T 2423.17 电工电子产品环境试验 第2部分：试验方法 试验Ka：盐雾

GB/T 2423.21 电工电子产品环境试验 第2部分：试验方法 试验M：低气压

GB/T 2423.37 电工电子产品环境试验 第2部分：试验方法 试验L：沙尘试验

GB/T 3482 电子设备雷击试验方法

GB 4208 外壳防护等级（IP代码）

GB/T 13729 远动终端设备

GB/T 17626 电磁兼容 试验和测量技术（所有部分）

GB/T 20090.2 信息技术先进音视频编码 第2部分：视频

GB/T 28181 公共安全视频监控联网系统信息传输、交换、控制技术要求

GB/T 30147 安防监控视频实时智能分析设备技术要求

GB 35114 公共安全视频监控联网信息安全技术要求

GB/T 36322 信息安全技术 密码设备应用接口规范

GB 50198 民用闭路监视电视系统工程技术规范

GB 50348 安全防范工程技术规范

GB 50395 视频安防监控系统工程设计规范

DL/T 283.1 电力视频监控系统及接口 第1部分：技术要求

DL/T 283.2 电力视频监控系统及接口 第2部分：测试方法

DL/T 283.3　电力视频监控系统及接口　第3部分：工程验收

DL/T 860　电力自动化通信网络和系统

GA/T 645　安全防范监控变速球型摄像机

Q/GDW 1517.1　电网视频监控系统及接口　第1部分：技术要求

Q/GDW 1517.2　电网视频监控系统及接口　第2部分：测试方法

Q/GDW 1517.3　电网视频监控系统及接口　第3部分：工程验收

3　资质信息

3.1　企业信息

3.1.1　※基本信息

查阅营业执照。

供应商为中华人民共和国境内依法注册的法人或其他组织。

3.1.2　法定代表人/负责人信息

查阅法定代表人/负责人身份证（或护照）。

3.1.3　财务信息

查阅审计报告、财务报表，其中审计报告为具有资质的第三方机构出具。

3.1.4　资信等级证明

查阅银行或专业评估机构出具的证明。

3.1.5　注册资本和股本结构

查阅验资报告。

3.2　报告证书

3.2.1　检测报告

查阅检测报告及其他支撑资料。

a）　检测报告出具机构为国家授权的专业检测机构[具有计量认证合格证书（CMA）及中国合格评定委员会颁发的 CNAS 实验室认可证书]。各类报告均系针对具体型式规格产品的试验报告。

b）　具有配套的重要采购部件（如视频服务器及外围设备、摄像机等）的检测报告，若整套图像监视系统的检测报告已包含采购部件的全部检测项目，可不提供配套组部件的检测报告。

c）　检测报告的委托方和产品制造方是供应商自身，检测产品型号及规格与被核实的产品相一致。若组部件为外购，则配套的组部件试验报告的委托方和制造方为相应的原制造厂家的名称。

d）　检测报告符合相应的国家标准、行业标准规定的检测项目和试验数值的要求，检测报告项目详见附录 A。

e） 相同型号的产品，当产品在设计、工艺、生产条件或所使用的材料、主要组部件做重要改变时，或者产品转厂生产或异地生产时，应重新进行相应的型式试验。

f） 国家标准、行业标准规定的检测报告有效期有差异的，以有效期短的为准；国家标准、行业标准均未明确报告有效期的，检测报告有效期按长期有效认定。

g） 外文报告提供经公证的中文译本。

3.2.2 信息系统集成认证

供应商应具有"信息系统集成及服务资质证书""信息系统建设和服务等级证书（CS证书）"，证书在有效期内。

3.2.3 ※质量管理体系

具有健全的质量管理体系，且运行情况良好，查阅管理体系认证书或其他证明材料。

3.3 产品业绩

查阅供货合同及相应的销售发票。

a） 合同的供货方和实际产品的生产方均为供应商自身。

b） 出口产品业绩提供报关单。

c） 不予统计的业绩有（不限于此）：

1） 同类产品制造厂之间的业绩；

2） 出口业绩的外贸合同、发票、报关单及对应产品型号等信息资料难以核实或不全的；

3） 作为元器件、组部件的业绩；

4） 供应商与代理商之间的供货业绩；

5） 在试验室或试验站的业绩。

4 设计研发能力

4.1 技术来源与支持

查阅自主研发资料、与合作支持方的协议及设计文件图纸等相关信息。

4.2 设计研发内容

查阅产品研发的设计、试验、关键工艺技术、质量控制方面的情况。

4.3 设计研发人员

查阅设计研发部门的机构设置及人员信息。

4.4 设计研发工具

查阅实际研发设计工具等相关信息。

4.5 软件管理能力

查阅供应商提供的软件版本规章制度文件、软件版本迭代过程记录。

4.6 获得专利情况

查阅与产品相关的已获授权专利证书。

4.7 参与标准制（修）订情况

查阅主持或参与制（修）订并已发布的标准及相关证明材料信息。

4.8 产品获奖情况

查阅与产品相关的省部级及以上获奖证书的相关信息。

4.9 参与的重大项目

查阅有关证明供应商参与重大项目的资料信息。

4.10 商业信誉

查阅企业相关国家、行业或第三方发布的综合实力、品牌等排名。

5 生产制造能力

5.1 生产厂房

查阅不动产权证书、土地使用权证、房屋产权证、厂房设计图纸、用电客户编号等相关信息。

具有与产品生产相配套的厂房，厂房若为租用则提供长期租用合同及相应证明文件等。其厂房面积、生产环境和工艺布局满足生产需要。从原材料/组部件存放、生产装配、检验到产品入库的每道工序场地合理布局满足工艺文件规定，能保证被核实产品的生产。

5.2 生产工艺

查阅工艺控制文件、管理文件及工艺流程控制记录等相关信息。

工艺控制文件、管理文件及工艺流程控制记录等符合相应的国家标准、行业标准要求。

5.2.1 工艺控制文件

主要生产工艺和工序控制点的工艺文件，依据的技术标准正确，各工序控制参数满足相应的标准、工艺要求。作业指导书齐全且具有可操作性。工艺管理制度健全。各工艺环节中无国家明令禁止的行为。

5.2.2 关键生产工艺控制

产品工艺技术成熟、稳定，现场可见被核实产品或同类产品生产过程。从原材料/组部件到产品入库所规定的每道工序的工艺技术能保证产品生产的需要。生产产品的各个工序按工艺文件执行，现场记录内容规范、详实，并具有可追溯性。现场定置管理，有明显的标识牌，主要生产设备的操作规程图表上墙。

5.3 生产设备

查阅设备的现场实际情况、采购合同及购买发票等相关信息。

a) 具有与产品生产相适应的设备，设备自有，不能租用或借用。各类型产品具有的配套生产设备明细见附录 B。

b) 设备使用正常，设备上的仪器仪表具有合格的检定或校准证书，并在有效期内。建立设备管理档案（包括使用说明、台账、保养维护记录等），其维修保养等记

录规范、详实，具有可追溯性。

5.4 生产、技术、质量管理人员

查阅人力资源部门管理文件（如人员社保信息、劳动合同、人员花名册等），包括生产、技术、质量管理等人员数量，结合现场实际情况，观察现场人员的操作水平。

a) 具有满足生产需要的元器件检验、产品检验、关键工艺控制和过程检验的专职工作人员，含中高级职称的技术人员，不得借用其他公司的。一线生产人员经培训上岗，操作熟练。

b) 具有质量管理组织机构、质量管理部门及人员，质检人员持质检员培训证书上岗。

6 试验检测能力

6.1 试验场所

查看试验场所现场情况。

具有与核实产品相配套的试验场所，试验场所的面积及环境满足试验要求。

6.2 试验检测管理

查阅相关的规章制度文件、过程记录及出厂试验报告等相关信息。

a) 具有试验检测管理制度、操作规程、试验标准，并在操作过程中严格按照规程执行。

b) 出厂试验报告记录完整、正确，存档管理。

6.3 试验检测设备

查阅设备的现场实际情况及采购合同、购买发票等相关信息。

a) 具有满足全部出厂试验项目的设备（详见附录C），不能租用、借用其他公司的设备或委托其他单位进行出厂试验。

b) 设备使用正常，具有检定或校准报告，并在合格有效期内。建立设备管理档案（包括使用说明、台账、保养维护记录等），其维修保养等记录规范、详实，具有可追溯性。强制检定计量仪器、设备具有相应资格单位出具的有效检定、校准证书。

6.4 试验检测人员

查阅人力资源部门管理文件（如人员社保信息、劳动合同、人员花名册等）、人员资质证书及培训记录。

试验人员能独立完成入厂、过程及出厂检验，操作熟练，能理解或掌握相关国家标准、电力行业标准、国家电网有限公司企业标准和物资采购标准的有关规定。

6.5 现场抽样

原则上现场应对与被核实产品相同或相近型式的产品进行抽样检验。样品应在供应商声明的合格产品中抽取，抽样检验项目一般在出厂试验项目中选取。抽样检验重点核实供应商试验方法、试验场地环境、人员操作能力、仪器设备有效性和产品性能等方面。

a) 现场抽查至少1份产品的出厂试验报告，报告规范完整、项目齐全，检测结果满足相关标准要求，出厂试验项目见附录 D。

b） 在已具备出厂条件的产品中抽取 1 套（台）产品或关键组部件（如一体化摄像系统、视频服务器及外围设备、摄像机、硬盘录像机、电子围栏等），选取出厂试验项目中的 2 个项目，依据现行国家标准、行业标准、国家电网有限公司企业标准和物资采购标准进行试验并一次性通过。核实试验方法、试验场地环境、人员操作能力、仪器设备有效性和产品性能。

7 原材料/组部件管理

7.1 管理规章制度

查阅原材料/组部件管理规章制度。

a） 具有严格的原材料及外购件管理制度。

b） 具有原材料供应商的评价制度。

c） 具有原材料进厂检验制度，并严格执行。

7.2 管理控制情况

查看原材料/组部件管理实际执行情况。

a） 按工艺文件所规定的技术要求和相应管理文件，根据生产计划采购。主要原材料/组部件供应商变更有相应的报告并在相关工艺文件中说明。

b） 按规定进行进厂检验，验收合格后入库。可以采用抽检或普检的检验方式进行，包括配套件的出厂检验单及入厂的验收报告，复验记录完整、准确，并具有可追溯性。

c） 分类独立存放，物资仓库有足够的存储空间和适宜的环境，实行定置管理，标识清晰、正确、规范、合理。

d） 原材料/组部件使用现场记录内容规范、详实，并具有可追溯性。

7.3 现场抽查

a） 查验原材料/组部件管理规程、设计图纸、采购合同等相关信息。

b） 现场随机抽查 2 种关键的原材料/组部件（如一体化摄像系统、视频服务器及外围设备、摄像机、硬盘录像机、电子围栏、云台设备、告警开关等），查看关键原材料/组部件的采购合同、供应商资质文件、入厂检测记录等是否齐全，并查看关键原材料/组部件的存放环境。

8 数智制造

基于新一代信息技术、数字技术和先进制造技术，贯穿于设计、生产、管理、服务等制造活动各个环节，具有自感知、自决策、自执行、自适应、自学习等特征，旨在提高制造业质量、效益和核心竞争力的先进生产方式。

9 绿色发展

查看供应商资源能源消耗情况、战略体系、绿色认证及其他支撑材料，包括：

a）相关油、水、气、煤，及电力、热力等能源消耗，建立能源利用统计报表制度，分析生产经营环节能源利用情况。

b）相关绿色工厂认证、绿色产品标识、绿色供应链管理等相关资质文件。

c）将绿色发展理念融入战略体系中，并形成明确的绿色发展目标，制定详实且具有操作性的实施路径。

d）建立、实施并保持支撑企业绿色低碳发展的绿色管理体系情况，包括但不限于能源管理体系、碳排放管理体系、能源计量管理体系等。

e）使用无害原材料，禁止使用国家明令禁止的淘汰设备、工艺技术等，并应用国家鼓励的节能设备与先进工艺技术情况。

f）建立完善的绿色采购管理制度，推广绿色包装材料应用，并建立系统的循环利用体系，实施绿色制造情况。

g）生产环节的大气污染物排放、水体污染物排放、固体废弃物排放、噪声排放等基础排放符合相关国家标准及地方标准要求情况。

10 售后服务及产能

查阅管理文件、组织机构设置、人员档案及售后服务记录等相关信息。

产能情况通过现场实际情况及供应商提供的产能计算报告，根据产品生产的瓶颈进行判断。

本文件中所有核实内容都将对供应商参与招投标活动有重要影响，其中标记"※"的内容是以往招标必备项的要求，也是重点核实内容，其他未标记"※"的为一般核实内容。

附 录 A

试 验 项 目

a) 性能检验（接口、编码器、功耗、传感器类型、协议、有效像素、巡航扫描、功能、防护等）；

b) 环境适应性检验［高低温循环工作试验、高温湿热试验、防护等级试验（户外设备不低于 IP66）］；

c) 电磁兼容试验［一体化摄像系统、摄像机、云台设备、告警开关等前端设备需进行电磁兼容性测试，项目包括电快速瞬变脉冲群抗扰度、静电放电抗扰度、浪涌（冲击）抗扰度、工频磁场抗扰度、射频电磁场辐射干扰度等］。

附 录 B
生 产 设 备

系统集成生产线。

附 录 C

试 验 设 备

a) 前端系统测试仪；

b) 网络测试仪；

c) 视频监控系统测试仪；

d) 绝缘耐压试验仪；

e) 以太网协议分析仪；

f) 网络损伤测试仪。

附 录 D
出 厂 试 验 项 目

a) 外观检查;

b) 音视频编解码测试;

c) 接口协议测试;

d) 功能测试;

e) 性能测试。